普陀山佛學叢書　主編　會閒

觀無量壽經箋註

丁福保　撰　寬度　點校

華東師範大學出版社

《普陀山佛學叢書》序一

在佛教文化中，有一樁很值得自豪的事業，就是典籍的整理。佛教典籍，作爲三寶住世的重要載體，自來受到教界、學界和廣大信衆的珍視。在佛陀涅槃後不久，就開始了第一次結集，可以看作是佛教典籍整理的源頭。從此之後，結集不斷進行。同時，佛教典籍也在增加——大乘經典的出現，諸類註疏的繁興，後世著述的湧現，儘管數量巨大，也都得到不斷地整理。只要看看各種不同的大藏經，就可以知道佛教典籍整理的成果是何等豐碩了。

這些整理工作的成績絶對令人驚歎。首先，佛教典籍整理的工作遍及寬廣的地域，産生了包羅宏富的藏經體系。世界上現存的大藏經有巴利語、漢文、藏文三大體系，有巴利語、漢文、藏文、西夏文、蒙文、滿文、日文七種文字流傳。這還不包括只剩下少數零散貝葉本或紙寫本的早期梵文經典，以及雖有刊刻卻未見傳世實物的契丹文大藏經。即使在世界文化史的範圍内，也很難看到如此宏富的典籍體系。其次，佛教典籍整理的工作貫穿着長久的歷史，各種體系的藏經都在不斷地完善着。就漢文大藏經來説，至遲在隋代，初期的手寫大藏經已經流傳。同時還有石刻藏經，如房山雲居寺就保存有從隋至明的各類石刻經版一萬五千餘塊。印刷術的發明，使得北宋初年就出現了第一部刻版大藏經——《開寶藏》。此後，我國歷代官、私所修的大藏經，目前已知的計有二十一種。在國外編印的漢文大藏經也有九種：朝鮮的《高麗藏》初雕、再雕兩種，日本的《弘安藏》《天海藏》《黄檗藏》《弘教藏》《卍字藏》《卍字續藏》《大正藏》七種。目前，中國大陸和中國臺灣正在分別編纂的《中華大藏經》和《佛光大藏經》，都力圖成爲能夠體現最新水準的新版大藏經。在我國没有任何一部典籍彙編，具有大藏經這樣不斷完善的歷程。比起數十部大藏經來，名聞遐邇的《四庫全書》顯得孑然孤立。

透過這些整理工作，使我們看到一代代佛教典籍整理者的虔敬和匠心。他們的虔敬，使得藏經的整理完全不藉外緣。俗話説，「盛世修典」，典籍的整理總需要一個太平盛世提供種種物質的支援。但是，藏經的編修卻並不如此，即使在亂世，這個工作也不曾停頓。信仰給予了這個工作無量的支持，人世的滄海桑田又何足摇動？他們的匠心，卻又使得藏經的整理最爲善用外緣。只要利於佛教典籍的流傳，他們無不擇取。貝葉上，紙帛上，碑石上，佛教典籍無處不在。我們在最早的紙質印刷品上看到的，是佛經。我們現在能夠利用的最爲完善的中文典籍電子檢索系統，是大藏經。他們從未錯失時運所賦予的機緣。

正是有了他們的努力，佛教典籍得以大批保存，使後來虔誠求法的信衆得以親近法寶。「感恩」二字，對於他們實在顯得太輕太微薄。也許，最真切的「感恩」，應該是繼承他們的願望，將佛教典籍整理的工作隨着新的機緣不斷推出弘揚。就是出於這個信念，我們中國佛學院普陀山學院啟動了這套《普陀山佛學叢書》的編輯工作。

我們首先希望能夠繼承前輩們編修藏經的傳統，盡力搜集整理未曾入藏的佛教典籍，逐步完成一個較爲系統的藏外文獻彙集。陸續進行近現代佛教典籍註疏系列、巴利文梵文藏文佛教典籍翻譯系列、近現代佛學名著系列、海外佛學名著系列等的整理刊印，從多方面、多角度拓展藏經的內涵。

我們對於佛教面向新時代的機緣，也有一個自己的理解。儘管佛教一直給予中國文化以深遠的影響，但是佛學仍然需要走入中國學術的中心，發揮更爲關鍵的作用。或許，這就將出現在這個時代。爲了將佛教典籍整理引向學術路徑，我們有意展開如下工作：重視佛教典籍的版本價值，推出佛學善本叢刊；以觀音、天台宗文獻爲核心，對入藏典籍進行標校整理，提供既符合古籍整理規範又便於閱讀的新版本；編輯整理當代海內外的佛學論著，關注佛學研究的最新動態。

我們中國佛學院普陀山學院也將圍繞佛教典籍整理展開自己的教學科研，組織力量對重要的佛學典籍進行註釋。嘗試以乾嘉學派的客觀實證方法研治佛學典籍，提供能幫助讀者進一步深入理解佛學的可靠讀本。我們期待這一註經工作，能夠成爲中國佛學院普陀山學院的長期學術事業。

當然，這個設想是過於宏大了，也遠遠超出了我們目前的實力。但是發一個宏願，必將有一份動力。我們相信，經過長期不懈的努力，一定能夠爲佛教典籍的長久流傳做一份貢獻。何況，普陀山自來就有的文化傳統，衆多善知識的熱心參與，都給了我們信心。同時，我們也熱忱期望，有更多的同道來參與這個事業。

法門無量誓願學。學佛法，必然從典籍開始。整理佛教典籍，將是我們中國佛學院普陀山學院義不容辭的責任。

中國佛學院普陀山學院院長　釋道慈*

述於普陀山普濟禪寺　二〇一三年四月五日

* 釋道慈，全國政協委員，中國佛教協會副會長，浙江省佛教協會名譽會長，普陀山佛教協會會長，普陀山普濟禪寺方丈，中國佛學院普陀山學院院長。

《普陀山佛學叢書》序二

《普陀山佛學叢書》即將出版，我由衷地感到欣慰。我以爲，這件事的意義遠不止出版了一套叢書，而是從中體現了普陀山佛教文化發展的新面貌。

普陀山承擔着半個亞洲的信仰，其得天獨厚的地位，帶給我們的不僅是自豪，也是責任。編纂《普陀山佛學叢書》，體現了普陀山佛教協會對於發展普陀山這一不容推辭責任的主動擔當。在當今社會條件之下，佛教發展越來越需要提升文化的内涵，著書立説應當成爲振興正信佛教的一大重要任務。普陀山佛協在推動普陀山發展的過程中，始終將文化置於自己的視野中，是迎合時代主題的。擔任叢書編纂任務的中國佛學院普陀山學院，也切實貫徹了佛協的精神。在他們的叢書構劃中，既有特别編輯獨具普陀山自身文化特色的《觀音藏》的願望，也有全面整理佛教文化典籍的抱負。而且，不止於對佛教文化典籍的整理，也發心以整理典籍爲核心展開自己的學術事業，服務於佛教的弘揚。我相信，他們的這項工作，必將積極促進普陀山的文化建設和未來發展。

這是普陀山發展中喜人的新面貌。之所以我非常贊賞並樂意支持他們的這項工作，是因爲這項工作的意義特别重大。理理紛繁萬千的思路，想到要處理好的兩個辯證關係，也寫出來，大家共勉。

我首先想到的是社會和文化的關係。可以説，我們中華民族正在穩步走向全面復興的道路上，舟山也已走進「新區」時代。前所未有的社會條件給予文化發展一個最佳的契機。佛教界當然也不例外。面對如此良好的社會發展機遇，我們每一個人都應該感到珍惜，想到回報。社會和文化之間存在一個辯證關係，社會給文化提供條件，文化也會促進社會的完善與發展。我們理應通過佛教文化的弘揚，爲社會的完善與發展盡心盡力。普陀山的佛教界都有一個共同的認識，普陀山已經超越了「香火興廟」的時期，應該認真考慮「文化興教」的問題了。發掘佛教文化對於當前社會建設的積極因素，逐步消除「香火興廟」時期的消極因素，是佛教界在完善自身形象，促進社會發展過程中必須率先予以關注的。我看到在叢書的字裏行間，對此有所意識，有所覺悟。

還有傳承和發展的關係。叢書畢竟是中國佛學院普陀山學院的學術工作，文化自身的意義還是應該突出的。對於文化來説，傳承和發展也是辯證的。發展以傳承爲基礎，傳承以發展爲目標。我們不能急於求成，一味强調佛學院法師們自已的著書立説，首先應該宣導甘於在經典中的沉浸並不斷加深自身涵養的氛圍。叢書中對於大德先賢著述的整理，值得贊許。不過，決不能僅僅止步於此，我們殷切期待法師們能夠從前輩經典的沉浸中儘快超越，在新的學術環境下,「究天人之際,通古今之變,成一家之言」。叢書中關於這一目標的設想,也盼望衆位法師念念不忘。

《普陀山佛學叢書》的出版,是個良好的開端。普陀山佛教文化事業的發展,卻是長期的歷程。它對於社會的積極促進,則是不斷的跋涉。

是爲序。

忻海平*

二〇一三年四月七日

* 忻海平,中共舟山市委常委,市委秘書長,市委統戰部部長。

#《觀無量壽經箋註》整理弁言

鍾錦

丁福保喜歡藏書，也就瞭解讀書人的心理，所以他出版的書能夠有的放矢，受到讀者的普遍歡迎。他出版了大量的書，其中《佛學叢書》的編輯非常獨特。這和他出版的其他名著如《説文解字詁林》《文選類詁》《全漢三國晉南北朝詩》《歷代詩話續編》《清詩話》《古錢大辭典》等，性質完全不同。那些書大都是給專家用的，而《佛學叢書》卻是給入門者用的。這個不同，完全出自一個熟於藏書者的眼光。那些給專家用的書，其領域已廣爲時人所熟悉，讀書者自然渴求具有一定專業水準的著作。但是，丁福保發現，佛經「經文奥衍，非註不能明也。而古註尤爲難讀，非初學所能會悟」。這的確點中了要害，也説到了讀者的心裏。於是，他「編纂初學入門之書及佛學辭典，與別爲淺近之箋註」，(丁福保《佛學叢書自序》)刊爲一套收書二十餘種給入門者用的《佛學叢書》。

這套《佛學叢書》一直頗具影響力。儘管有掠美之嫌，其中的《佛學大辭典》卻很久以來都是我國佛學界最常使用的工具書，並且引領了一批佛教學者入門。《六祖壇經箋註》也在不停地再版，似乎已經被讀者接受爲《壇經》的注釋定本。

時至今日，我以爲《佛學叢書》仍將繼續保持其影響力。不過，這種影響力將不再表現在某一本書上，而是體現在它的編纂思路上。佛經經文奧衍、古註難讀的問題，依然困擾著今日的讀者，丁福保的編輯眼光也依然没有過時。比如，那些「淺近之箋註」，丁氏認爲「須字字考其來歷，句句求其證據。既不敢空談滉漾，遊衍而無歸；又不敢顯分宗派，出奴而入主。……爲初學説法，僅可多引彼此相通之説以證從同」。（《佛學叢書自序》）就拿這部《觀無量壽經箋註》來説，丁氏的箋註並未局限在這是一部淨土經典之上，而是以全部的佛教義理和知識爲背景，幫助讀者讀懂。這就留給讀者在入門之後，根據自身的根器選擇理解立場的餘地。我認爲，這是指導初學讀經最正的門徑，而且是今日缺乏的。

因此，我們重版丁氏的佛經箋註，就是看重他的這種編輯眼光。當然，我們承認丁福保的持續影響力，並不等於我們就止步於此。丁氏箋註的錯誤和不足需要得到糾正改進，丁氏未註的經書也需要新作，這是將來我們必然要進行的工作。直到困擾讀者的奧衍難讀的問題全部解決，我們也期待後來者走出丁福保的影響。

《觀無量壽經箋註》全稱《佛説觀無量壽佛經箋註》，是丁福保《佛學叢書》中的一種，民國間由丁氏自己創辦的醫學書局鉛字排印。現在寬度法師根據這個印本進行整理，加上了規範標點，希望給讀者提供一個較爲方便適用的讀本。由於主客觀方面的原因，以及丁氏原本的錯誤也很多，這個整理本一定會有很多不盡人意之處，真誠期待讀者的原諒和指正。

目録

觀無量壽佛經箋註序

嘉遯昔讀《觀經》，曾加批點，常自思維：我佛以十六觀法教化韋提希及後世衆生，識心測度，竊有疑焉。《金剛經》云：「凡所有相，皆是虚妄。」又云：「應無所住，而生其心。」何以此經教人，執著心相，作觀法耶？掩卷研求，不獲開解。一日久雨初晴，郭門徐步，覩雲歸遠岫，日麗中天，花放水流，風月清曠。不覺冥心入妙，能所雙忘，無始身心，一齊放下，豁然有省，心與境融，一刹那頃，内外通明。無復塵刹十方國土，皎然清浄。聽人聲鳥語，純演法音；即柳蔭槐陰，悉成行樹。西方三聖密圓浄妙之相，儼在目前。於時獲大安隱，身心愉快者久之。歸而述於諸同志曰：「是豈佛説《觀經》中西方之境相乎？有相無相，無住生心。佛旨分明，一無反背。讀是經者，但將身心放下，一心觀念，則以凡夫肉眼，即見彌陀報身，不待命盡壽終矣。如來豈欺我哉？去佛不遠，吾輩其共勉旃！」大勢至菩薩有言：「若衆生心，憶佛念佛。現前當來，必定見佛。」又云：「不假方便，自得心開。」吾輩當知憶即是觀，念即是持。憶念合一，觀持是同。非一非異，名爲方便。心得開悟，即見彌陀。西方浄土法門，至頓至圓，最爲徑中又徑，故我佛殷殷以此教化當來諸衆生也。至於小乘根人身體力行，中乘根人心體智行，上乘根人智體悲行，最上根人無行無不行，此經中九品之所由分也。歸元無二，方便多門，會其旨歸，同生樂國。明是義者，則《觀經》全旨，思過半矣。所悲者，一切凡夫，心想羸劣；未獲慧眼，浄穢弗融。不明如來三身之義，徒知以三十二相見色身如來，則彌陀報身無由得見。報身弗見，毘盧法身更無相可得矣。自性彌陀，惟心淨土，慈航普渡，端賴是經。昔無盡法師作爲圖頌，最便學人，惜無註釋，讀者懵焉。而古德義疏，又復淵海精深，淺識難解。嘉遯有志補救，自愧學疏。今無錫丁仲祜先生，以詩書訓詁之法箋註是經，一字一句，悉使明了。屏除我見，以經註經。俾見聞者，因文而動懷，緣註而開解。歡喜讚嘆，同結勝緣，有益於當來衆生者，不可算數。嘉遯僑寓金粱，緣慳一面，尺書往復，謬附知音。今先生註將蕆事，辱索序言。自維管蠡之見，無從窺測高深，而先生雅意諄諄，慈悲念切，又不敢以不文辭，謹述數言，弁於篇首。所願見者、聞者、稱者、觀者，深開妙解，普度羣生；刊布流傳，大緣廣結。庶不負先生善能利益一切衆生之大悲心焉。是爲序。

中華民國七年歲在戊午七月下澣，大心歸人蕭山陳嘉遯書於開封寄寓怡怡園盡聞精舍。

十六觀經靈異記

古今淨土往生者，不可勝紀。今擇雲棲大師所定《往生集》中，於《觀經》有機緣者數則，以便觀覽。

隋智顗，號智者大師，潁川人。孩幼之時，見像即禮，逢僧必拜。十八，出家於果願寺，後禮南嶽思大禪師。弘法緣畢，在剡東石城寺將入滅，謂弟子曰：「吾知命在此，不復前進，輟斤絕弦於今日矣。」唱《觀無量壽佛經》題竟，復曰：「四十八願，莊嚴淨土。華池寶樹，易往無人。火車相現，一念改悔者，尚得往生。況戒定熏修，聖行道力，功不唐捐矣。」智朗請云：「未審大師證入何位？没此何生？」師曰：「吾不領衆，必淨六根，損己利人，但登五品。汝問何生者，吾諸師友，侍從觀音，皆來迎我。」言訖唱三寶名，如入三昧。

後魏曇鸞，少遊五臺，感靈異出家。而性嗜長生，受陶隱君《仙經》十卷。後遇菩提流支，乃問曰：「佛有長生不死術乎？」支笑曰：「長生不死，吾佛道也。」乃授《十六觀經》，曰：「學此則三界無復生，六道無復往。其爲壽也，河沙劫石，莫能比焉。此吾金仙氏之長生也。」鸞大喜，遂焚《仙經》而修淨業。寒暑疾病，曾無少懈。魏主號爲神鸞。一夕室中見梵僧謂曰：「吾龍樹也，久居淨土，以汝同志，故來相見。」鸞自知時至，集衆教誡曰：「勞生役役，其止無日。地獄諸苦，不可以不懼；九品淨業，不可以不修。」因令弟子高聲念佛，西向稽顙而終。衆聞天樂自西而來，良久乃已。

隋智舜，入廬山，踵遠師浄業。大業初，講《觀經》畢，即示疾。見鸚鵡孔雀，念佛法僧，出微妙音。告弟子曰：「我今日往生矣。」安然而逝。

唐善導，貞觀中，見西河綽禪師九品道場。喜曰：「此真入佛之津要。修餘行業，迂僻難成。惟此法門，速超生死。」於是勤篤精苦，晝夜禮誦，激發四衆。每入室，胡跪念佛，非力竭不休。出則爲人演説浄土。三十餘年，不暫睡眠。好食送厨，粗惡自奉。凡有䞋施，用寫《彌陀經》十萬卷、《浄土變相》三百壁。修營廢墜，燃燈續明。三衣鉼鉢，不使人持。行不共衆，恐談世事。從其化者甚衆。有誦《彌陀經》十萬至五十萬遍者，有念佛日課萬聲至十萬聲者。得念佛三昧，往生浄土者，莫能紀述。或問：「念佛生浄土耶？」師曰：「如汝所念，遂汝所願。」乃自念一聲，有一光明從其口出。十至於百，光亦如之。其《勸世偈》曰：「漸漸雞皮鶴髮，看看行步龍鍾。假饒金玉滿堂，豈免衰殘病苦。任汝千般快樂，無常終是到來。惟有徑路修行，但念阿彌陀佛。」忽謂人曰：「此身可厭，吾將西歸。」乃登柳樹，向西祝曰：「願佛接我，菩薩助我。令我不失正念，往生浄土。」言已，投身而逝。高宗皇帝知其事，賜寺額曰「光明」云。

唐道綽，并州汶水人。十四出家，習經論，晚事瓚禪師學禪。又篤志神鸞浄土之業。有僧定中，見綽數珠如七寶大山。平居爲衆講《無量壽》、《觀經》，將二百遍。人各掐珠，口稱佛號，或時散席，嚮隱林谷。六時禮敬，初不廢缺，念佛日以七萬爲限。貞觀二年四月八日歸寂。聞而赴者滿於山寺，見化佛住空，天華下散焉。

石晉志通，鳳翔人。因見智者大師淨土儀式，不勝欣忭。自是不向西唾，不背西坐，專心念佛。後見白鶴孔雀，成行西下，又見蓮華開合於前。通曰：「白鶴孔雀，淨土境也。蓮華光相，受生處也。淨土現矣。」乃起禮佛而終。荼毘，有五色祥雲，環覆火上，舍利鱗砌於身。

宋知禮，號法智。居南湖，述《妙宗鈔》，大彰觀心觀佛之旨。每歲二月望日，建念佛施戒會，動逾萬人。又撰《融心解》，明一心三觀，顯四淨土之義。後於歲旦，建光明懺至五日，召大衆說法，驟稱佛號數百聲，奄然坐逝。

宋法因，住四明廣壽寺三十年，冥心淨土。後有疾，集衆諷《觀經》，稱佛號者三夕。謂門人曰：「吾將行矣。」或請留偈。乃書曰：「我與彌陀本無二，二與不二並皆離。我今如此見彌陀，感應道交難思議。」挺身端坐而逝。

宋思敏，依靈芝律師，增受戒法，專心念佛二十年。後有疾，請衆諷《觀經》者半月。越三日，見化佛滿空。臨終念佛，聲出衆外。酷暑留龕，七日不變，香滿室中。

唐白居易，官中大夫太子少傅。捨宅爲香山寺，號香山居士。晚歲患風痺，出俸錢三萬，繪西方極樂世界一部，依正莊嚴，悉按《無量壽經》，靡不曲盡，頂禮發願。以偈贊曰：「極樂世界清淨土，無諸惡道及衆苦。願如我身老病者，同生無量壽佛所。」

宋楊傑，無爲州人，號無爲子。少年登科，官尚書主客郎，提點兩浙刑獄。尊崇佛法，明悟禪宗。謂衆生根有利鈍，易知易行，惟西方浄土。但能一心觀念，總攝散心，仗佛願力，決生安養。嘗作《天台十疑論序》及《彌陀寶閣記》《安養三十贊》《浄土決疑集序》，弘闡西方教觀，接引未來。晚年繪彌陀丈六尊像，隨行觀念。將終之日，感佛來迎，端坐而化。辭世頌曰：「生亦無可戀，死亦無可捨。太虛空中，之乎者也。將錯就錯，西方極樂。」

箋經雜記十三

客問：「頻婆娑羅王，以何因緣能速成阿那含？」余以《智度論》答之曰：「頻婆娑羅王，到伽耶祀舍中，迎佛及除結髮千阿羅漢。是時佛爲王説法，得須陀洹道，即請佛言：『願佛及僧就我王舍城，盡形壽受我衣被、飲食、卧具、醫藥，給所當得。』佛即受請。是故多住王舍城。又《頻婆娑羅王經》言佛爲王説法，王歸依佛法僧，願盡此一生，以四供養，供養諸比丘。此經言之甚詳，皆未説《觀經》以前之事實也。由是言之，則其成阿那含，有自來矣。」

客又問阿闍世王之結果。余節録北涼本《涅槃經》示之曰：「阿闍世王，害父已，心生悔熱，徧體生瘡，其瘡臭穢，不可附近。自念我今此身已受華報，地獄果報，將近不遠。其母韋提希，以種種藥傅之，其瘡遂增。王即白母：『如是瘡者，從心而生，非衆生能治。』世尊大悲導師爲王入月愛三昧，放大光明。其光清涼，往照王身，鬱蒸除滅。王覺瘡愈，與其夫人，嚴駕車乘一萬二千，姝莊大象其數五萬，一一象上各載三人，齎持旛蓋、華香、技樂種種供具無不備足，導從馬騎有十八萬。摩伽陀國人民從王者，五十八萬。時拘尸那城所有大衆，滿十二由延，皆遥見阿闍世王與其眷屬尋路而來。佛告諸大衆言：『一切衆生爲阿耨多羅三藐三菩提近因緣者，莫先善友。何以故？阿闍世王若不隨順耆婆語者，來月七日必定命終，墮阿鼻獄。』佛告阿闍世王言：『今當爲汝説正法要，汝當一心諦聽。凡夫常當繫心觀身，有二十事。所爲我此身中空無無漏一，無諸善根本二；我此生死未得調順三；墮墜深阬，無處不畏四；以何方便，得見佛性五；云何脩定，得見佛性六；生死常苦，無常我浄七；八難之難，難得遠離八；恒爲怨家之所追逐九；無有一法能遮諸有十；於三惡趣未得解脱十一；具足種種諸惡邪見十二；亦未造立度五逆津十三；生死無際，未得其邊十四；不作諸業，不得果報十五；無有我作他人受果十六；不作樂因，終無樂果十七；若有造業，果終不失十八；因無明生，亦因而死十九；去來現在常行放逸二十。大王，凡夫之人，當於此身常作如是二十種觀。若不繫心觀如是二十事者，心則放逸，無惡不造。』阿闍世言：『如我解佛所説義者，我從昔來，初未曾觀是二十事，故造兹重惡。父王無辜，横加逆害，是二十事，設觀不觀，必定當墮阿鼻獄。世尊，若我審能破壞衆生諸惡心者，使我常在阿鼻地獄，無量劫中，爲諸衆生受大苦惱，不以爲苦。』爾時摩伽陀國無量人民，悉發阿耨多羅三藐三菩提心。以如是等無量人民發大心故，阿闍世王所有重罪，即得微薄。王及夫人，後宫采女，悉皆同發阿耨多羅三藐三菩提心。阿闍世王語耆婆言：『我今未死，已得天身。捨於短命，而得長命。捨無常身，而得常身。令諸衆生發阿耨多羅三藐三菩提心，即是天身，長命常身，即是一切諸佛弟子。』世尊讚阿闍世王：『善哉善哉！若有人能發菩提心，是人則爲莊嚴諸佛大衆。大王，汝昔已於毘婆尸佛初發阿耨多羅三藐三菩提心。從是已來，至我出世，於其中間，未曾墮於地獄受苦。當知菩提之心，有如是無量果報。從今已往，常當勤修菩提之心。』」

又按《阿闍世王授決經》曰：「大王至誠乃爾。佛雖般泥洹，往必見佛。便至耆闍崛山中見佛，且悲且喜，垂淚而進，頭面作禮，以七寶華前散佛上。華皆住空中，化成寶蓋，正當佛上。佛便授與王決曰：『卻後八萬劫，劫名喜觀。王當爲佛，佛號淨其所部如來，刹土名華王，時人民壽四十小劫。』阿闍世王太子名旃陀和利，時年八歲，見父授決，甚大歡喜，即脱身上衆寶以散佛上曰：『願淨其所部作佛時，我作金輪聖王得供養佛，佛般泥洹後我當承續爲佛。』其所散寶，化爲交露帳，正覆佛上。佛言：『必如汝願。王爲佛時必當作金輪聖王，壽終便生兜率天上，壽盡便下作佛。在藥王刹土教授，佛號旃檀，人民壽命國土所有，皆如淨其所部。』」

客又問：「提婆達多何以得神通及其結果？」答之曰：「《大智度論》十四：『是時斛飯王子提婆達多，出家學道，誦六萬法聚，精進修行，滿十二年。其後爲供養利故，來至佛所，求學神通。』佛告憍曇：『以觀五陰無常，可以得道，亦得神通。』而不爲説取通之法。出求舍利弗目犍連，乃至五百阿羅漢，皆不爲説。言：『汝當觀五陰無常，可以得道，可以得通。』不得所求，涕泣不樂。到阿難所，求學神通。』是時阿難未得他心智，以其兄故，如佛所言以授。提婆達多受學通法，入山不久，便得五神通。自念：誰當與我作檀越者？如王子阿闍世，有大王相，欲與爲親厚，到天上取天食。還到鬱怛羅越，取自然粳米，至閻浮林中，取閻浮果，與王子阿闍世。或時自變其身，作象寶、馬寶，以惑其心。或作嬰孩坐其膝上，王子抱之，嗚嗽與唾。時時自説己名，令太子知之。種種變態，以動其心。王子意惑，於柰園中立大精舍，四種供養，并種種雜供，無物不備，以給提婆達多。日日率諸大臣，自爲送五百釜羹飯。提婆達多大得供養，而徒衆尠少。自念：我有三十相，减佛未幾，直以弟子未集。若大衆圍遶，與佛何異？

如是思惟已，生心破僧，得五百弟子。舍利弗、目犍連説法教化，僧還和合。爾時提婆達多便生惡心，推石壓佛，金剛力士以金剛杵而遥擲之，碎石迸來，傷佛足指。華色比丘尼呵之，復以拳打尼，尼眼出而死，作三逆罪。斷諸善根，心無愧悔。復以惡毒著指爪中，欲因禮佛以中傷佛。欲去未到，於王舍城中，地自然破裂，火車來迎，生入地獄。」

佛説觀無量壽佛經箋註

佛，釋迦牟尼佛也。佛説者，佛親口所説也。○《隋書・經籍志》：「佛經者，西域天竺之迦維衛國浄飯王太子釋迦牟尼所説。」○《大乘義章》二：「粗思名覺，細思名觀。」○《大智度論》十七：「問曰：『有覺有觀，爲一法爲是二法耶？』答曰：『二法，麤心初念，是名爲覺。細心分別，是名爲觀。譬如撞鐘，初聲大時名爲覺，後聲細微名爲觀。』」○按：專心繫念一處，謂之觀，詳見本經之十六觀。即觀想阿彌陀佛之身相及浄土之相也。○《法華文句》一：「一一句入心成觀，故云觀與經合。」○釋元照《義疏》曰：「一代時教，所明觀法，略爲五例：一、總觀諸法，如經觀一切法空等。二、別觀自心，如止觀、還源觀、法界觀、浄心觀等。三、或但觀色，經云：觀身實相，觀佛亦然。及不浄、白骨等。四、兼觀色，《心經》云照見五蘊空，十二入、十八界、數息等。五、對觀勝境，即如諸經觀佛菩薩等。今此觀經，即當第五。就觀勝境，復有五別：一、觀佛相海，即觀諸佛三十二相也。二、觀普賢行法，即觀六牙白象、菩薩身相也。三、觀藥王藥上，即觀二菩薩行願色相也。四、觀彌勒上生，即觀兜率天宫，求生内院也。五、即今經，觀彌陀依正，求生浄土也。上三，滅業破障。下二，忻願求生。又下二中第四，是娑婆天界。第五，即極樂浄方。然此方入道，要在觀心。浄土往生，義須想佛。今舉此方觀心一種，對校今經，略爲六别：一、觀心則攝想歸心，今經則送心他境。（經云：「一心繫念，諦觀彼佛。」）二、觀心不局四儀，此經則要須正坐。（義通餘儀）三、觀心則不拘方所，此經則定須西向。四、觀心則不簡餘時，此經則須除便食。（《觀佛經》云『除便轉時』，『地觀』云「唯除食時」等。）五、觀心則斷惑證理，此經則成業感生。六、觀心則魔業發現，此經則聖德護持。畧明六異，則知淨土觀門，迥然天別。」○無量壽佛，阿彌陀佛之譯名也。譯音則曰阿彌陀佛，譯義則曰無量壽佛。○儒家者流，尊六藝而奉以爲經。《荀子》曰：「夫學始於誦經，終於習禮。」《莊子》曰：「孔子言治，《詩》、《書》、《禮》、《樂》、《易》、《春秋》六經。」又曰：「繙十二經。」《文心雕龍》曰：「三極彝訓，其書曰經。經也者，恒久之至道，不刊之鴻教也。」墨翟之書，初不名經。而《莊子·天下篇》云：「苦獲鄧陵之屬，皆誦墨經。」則墨子之徒，自相崇奉，而墨子亦稱經矣。揚子《太玄》，其本傳及《漢志》，並未稱經，而當時侯芭之徒，乃尊之爲經。則揚子亦稱經矣。宗教家各自尊其教，無不名其所崇奉者曰經。如《老子》《莊子》《列子》，而道家稱之曰《道德真經》《南華真經》《冲虛真經》。以及耶教之《聖經》、回教之《可蘭經》是也。而内典之稱經，其説尤古。考漢明帝時，佛法入中國，譯佛經四十二章。此爲内典稱經之始。《法華玄義》曰：「從古及今，譯胡爲漢，皆題爲經。」《維摩經》肇注曰：「經者常也。古今雖殊，覺道不改。羣邪不能阻，衆聖不能異，故曰常也。」

劉宋西域三藏法師畺良耶舍譯

無錫丁福保仲祜箋註

劉宋者，所以別於趙宋也。劉裕受晉禪，國號宋，都建康，（今江蘇江寧）有今揚子江、珠江兩流域各省，凡八主五十九年，（起民國前一四九二年，訖前一四三四年。）禪位於南齊。○《後漢書》有《西域傳》，唐有《西域記》。西域之名，指敦煌以西諸國而言，古時常用西域以指印度諸國。○經律論三者包藏在内，曰三藏。經説定學，律説戒學，論説慧學。○《法苑珠林》曰：「經律論三，各別部類，各立一藏。或無別部：《楞嚴經》等多詮定學，名契經藏。《文殊問經》等多詮戒學，名爲律藏。《解深密經》等多詮慧學，名爲論藏。」○唐釋宗密《盂蘭盆經疏序》曰：「三藏者，一修多羅，此云契經。契者，契理契機。經者，《佛地論》云：『貫攝爲義，謂貫穿所應知義，攝持所化生故。』此教於三學中詮於定學。二毘奈耶，此云調伏。調爲調練三業，伏爲制伏過非。此教詮於戒學。三阿毘達磨，此云對法。法謂涅槃四諦，對謂對向對觀。其能對者，即是妙慧。此教詮於慧學。」○案：經律論三藏之原文分類，與吾國之所謂經律論大異。如《梵網經》、《文殊問經》等，歸入律藏；如《解深密經》、《阿毘達磨經》等，歸入論藏。驟視之，其總名皆稱曰經。可知西土之所謂律藏、論藏者，皆有吾國之所謂經者包括其中，非定指某某律、某某論而言也。○《彌陀蒙鈔》上：「三藏者，一修多羅藏，此云經藏。二毘奈耶藏，此云律藏。三阿毘曇藏，此云論藏。法師者，以三藏法而爲師故。又深通三藏，教化人天故。《法華》有五種法師：一、受持，二、讀，三、誦，四、解說，五、書寫經卷。師具五德，故曰法師也。」○《開元釋教録》第五：「沙門畺良耶舍，宋云時稱，西域人。性剛直，寡嗜欲。善誦阿毘曇，博涉律部，其餘諸經，多所該綜。雖三藏兼明，而以禪門專業。每一遊觀，或七日不起。常以三昧正受傳化諸國。以元嘉元年甲子，遠冒沙河，萃於建業。文帝義隆深加歎異，敕止鍾山道林精舍。沙門寶誌崇其禪法。沙門僧含請譯《觀無量壽》及《藥王藥上觀》，舍即筆受。以此二經是浄土之洪因，轉障之秘術故，沈吟嗟味，流通宋國。平昌孟顗，承風欽敬，資給豐厚。顗出守會稽，固請，不從，後移憩江陵。元嘉十九年西遊岷蜀，處處弘道，禪學成羣。後還，卒於江陵，春秋六十矣。」

一　序分

《三藏法數》九：「三分科經，分即分限，謂諸經中皆有序分、正宗分、流通分也。始自晉道安法師，判節諸經，皆具三分。爾後親光《論》自西天傳至此土，果有三分之説。是故諸經皆以三分而科節也。（親光《論》者，謂親光菩薩所造之論也。）一序分，序即序述，亦次序也。有通序別序。通序者，謂如是我聞一時佛在某處與某大衆俱，此是通序。以一切經初同有此序，故名通也。別序者，蓋佛説經必有由致。如《楞嚴經》由阿難遭摩登伽幻術之緣，佛因提獎阿難及摩登伽歸來佛所，故説是經，是名別序。而言別者，以諸經所説，各有緣起不同，故名別也。雖分通別，總名序分。」

如是我聞，

是，指下文全經而言。我，阿難自謂也。聞，謂聞之於佛也。佛經者，佛入滅之後，爲多聞第一之阿難所編集。故諸經開卷，阿難遵佛遺囑，例皆置此四字。〇《大涅槃經》後分《佛遺教品》曰：「阿難，如是所聞，如來滅後，結集法藏，一切經初，安何等語者？阿難，如來滅後，結集法藏，一切經初，當安如是我聞，一時佛住某方某處，與諸四衆而説是經。」〇《大智度論》二：「我三阿僧祇劫所集法寶藏，是藏初應作是説：『如是我聞，一時佛在某方某國土某處林中。』何以故？過去諸佛，經初皆稱是語。未來諸佛，經初亦稱是語。現在諸佛，末後般涅槃時，亦教稱是語。今我般涅槃後，經初亦應稱『如是我聞，一時。』」

一時

《註維摩經》：什曰：「一時，佛説經時也。」

佛

此佛指釋迦牟尼佛而言。〇《魏書・釋老志》：「所謂佛者，本號釋迦文者（文即牟尼之訛略），釋言能仁，謂德充道備，堪濟萬物也。釋迦前有六佛，釋迦繼六佛而成道，處今賢劫。文言將來有彌勒佛，方繼釋迦而降世。釋迦即天竺迦維衛國王之子。天竺其總稱，迦維別名也。初釋迦於四月八日夜，從母右脅而生。既生，姿相超異者三十二種。天降嘉瑞以應之，亦三十二。其《本起經》說之備矣。」〇《周書異記》曰：「周昭王二十四年，天竺迦維衛國，淨飯王妃摩耶氏，夢天降金人，遂有孕。於四月八日太子生於右脇，名悉達多。年十九，入檀特山修行證道。至穆王三年，明星出時成佛，號世尊。」〇按：佛之生日，頗多異說。釋典多用周昭王二十四年四月八日。余之所以引《周書異記》者，從同同也。

在王舍城

《智度論》三：「問曰：『如舍婆提、迦毘盧、婆羅奈。大城皆有諸王舍，何以故獨名此城爲王舍？』答曰：『有人言是摩伽陀國王有子，一頭兩面四臂。時人呼爲不祥，王即裂其身首，棄之曠野。羅刹女鬼名闍羅，還合其身而乳養之。後大爲人，力能兼諸國，有一天下，取諸國王萬八千人置此五山中。以大力勢治閻浮提，閻浮提人因名此山爲王舍城。復次，有人言摩伽陀王先所住城，城中失火，一燒一作，如是至七。國人疲役，王大憂怖，集諸智人，問其意故。有言應易處，王即更求住處。見此五山，周匝如城，即作宮殿，於中止住。以是故名王舍城。』」〇《西域記》九：「曷羅闍姞利呬城，唐云王舍。初頻毘娑羅王都在上茅宮城也，編户之家，頻遭火害。一家縱逸，四鄰罹災。防火不暇，資産廢業，衆庶嗟怨，不安其居。王曰：『我以不德，下民罹患。修何德可以禳之？』羣臣曰：『大王德化邕穆，政教明察，今此細民不謹，致此火災。宜制嚴科以清後犯，若有火起，窮究先發，罰其首惡，遷之寒林。寒林者，棄屍之處，俗爲不祥之地，人絶遊往之跡。令遷於彼，同夫棄屍。既恥陋居，當自謹護。』王曰：『善，宜徧告居人。』頃之，王宮中先失火，謂諸臣曰：『我其遷矣。』乃命太子監攝留事，欲清國憲，故遷居焉。時吠舍釐王聞頻毘娑羅王野處寒林，整修戎旅，欲襲不虞。邊候以聞，乃建城邑，以王先舍於此，故稱王舍城也。」○王舍城周圍有五山，其第一山即靈鷲山也。

耆闍崛山中，

耆，巨伊反。闍音都。崛，渠乙反。○《智度論》三：「是山頂似鷲，王舍城人，見其似鷲故，共傳言鷲頭山，因名之爲鷲頭山。復次，王舍城南，尸陀林中，多諸死人，諸鷲常來啖之，還在山頂，時人便名鷲頭山。此山五山中最高大，多好林水，聖人住處。」○《法華文句》一上：「耆闍崛山，此翻靈鷲。」○《西域記》九：「如來御世，垂五十年，多居此山，廣説妙法。」

與大比丘衆

比丘者，出家男子受具足戒之通稱也。○嘉祥《法華義疏》一：「比丘名乞士。上從如來乞法以練神，下就俗人乞食以資身，故名乞士。」○大比丘，比丘中高年有德之稱。○《法華卓解》云：「大者器量尊重，有大道大用大知也。衆者，梵語僧伽，此云和合衆。」

千二百五十人俱。

耶舍長者子之朋黨五十人，優樓頻螺迦葉之師徒五百人，那提迦葉之師徒二百五十人，伽耶迦葉之師徒二百五十人，舍利弗之師徒一百人，大目犍連之師徒一百人，此千二百五十人，先皆事外道，後承佛之化導，而得證果。於是感佛之恩，每法會，常隨不離，故諸經之首，所列之衆，常稱千二百五十人俱。見《過去現在因果經》四。

菩薩三萬二千，

菩薩即菩提薩埵之略名。○《注維摩肇》曰：「菩提，佛道名也。薩埵，秦言大心衆生。有大心入佛道，名菩提薩埵。」○《大乘義章》十四：「菩薩，胡語，此方翻譯爲道衆生。具修自利利他之道，名道衆生。」○《浄名疏》一：「菩提爲無上道，薩埵名大心，謂無上道大心。此人發大心爲衆生求無上道，故名菩薩。安師云開士始士，又翻云大道心衆生，古本翻爲高士。既異翻不定，須留梵音。今依《大論》釋：菩提名佛道，薩埵名成衆生。用諸佛道成就衆生故，名菩提薩埵。又菩提是自行，薩埵是化他。自修佛道，又用化他，故名菩薩。」○按：新譯作「大覺有情」，又作「覺有情」。

文殊師利

《放鉢經》：「今我得佛，皆是文殊師利之恩也。過去無央數諸佛，皆是文殊師利弟子。當來者亦是其威神力所致。譬如世間小兒有父母，文殊者佛道中父母也。」○《華嚴經·菩薩住處品》：「東方有處，名清涼山，從昔以來諸菩薩衆於中止住。現有菩薩文殊師利與其眷屬諸菩薩衆一萬人俱，常在其中而演説法。」

法王子

《智度論》曰：「佛爲法王，菩薩入法正位，乃至十地，故悉名王子，皆成爲佛，如文殊也。」○法王子者，菩薩爲育於法王佛陀之家者，皆法王子也。而經中多稱文殊爲法王子，則以其在釋尊二脇士之上座，助佛教化之第一法子也。

而爲上首。

以上通序。○《法華文句記》：「問曰：『經稱文殊爲法王子，其諸菩薩何人不是法王之子？』答：『有二義。一於王子中德推文殊，二諸經中文殊爲菩薩衆首。』」○案：菩薩衆首即上首也。上首者，一座大衆中之主位也。或在大衆中舉一人爲上首，或在大衆中舉多人爲上首。如《無量壽經》一萬二千比丘之中舉三十一人爲上首，如《大日經》十佛刹微塵數之執金剛衆之中舉十九執金剛爲上首，又如於執金剛衆之中舉金剛手秘密主（即金剛薩埵）爲上首，於大菩薩衆之中舉普賢菩薩一人爲上首。

爾時王舍大城，有一太子，

周時天子及諸侯之嫡子，或稱太子，或稱世子。秦漢仍之。金元時，天子之庶子，亦稱太子。如四太子兀朮之類，是也。明以後，天子之嫡子，稱皇太子，親王之嫡子稱世子。

名阿闍世。

《法華文句》五：「阿闍世者，未生怨，或呼爲婆羅留支。此云無指。」○《法華文句記》：「言未生怨者，母懷之日，已常有惡心。於瓶沙王，未生已惡，故因爲名。無指者，初生，相者言凶，王令昇樓撲之，不死，但損一指，故爲名也。」○阿闍世聞文殊菩薩説法而得悟道，見《阿闍世王經》。此經後漢支婁迦讖譯，與《佛説未曾有正法經》同本異譯。○阿闍世以燈華供佛，而得成佛之記別。見《佛説阿闍世王授決經》，此經西晉法炬譯。○大藏中又有《阿闍世王問五逆經》，西晉法炬譯。又有《阿闍世王品》，爲《文殊師利普照三昧經》之異名。又有《阿闍世王女阿術達菩薩經》，西晉竺法護譯。皆叙述阿闍世事甚詳，兹不贅。

隨順

信他之教，從他之意，名曰隨順。○《法華文句》二一：「供養諸佛者，只是隨順佛語。」

調達惡友之教，

調達，《涅槃經》三十三作調婆達多，《法華經·提婆品》作提婆達多，又《陀羅尼品》作調達。○調達，斛飯王之子，阿難之兄，佛之從弟也。○《法華義疏》九：「提婆達多，是斛飯王子。提婆此翻爲天，達多言熱，以其生時諸天心熱，故名天熱。所以然者，諸天知其造三逆罪，破壞佛法，見其初生，心生熱惱故，因以爲名。」○悉多太子十二歲之時，五百童子各自在園内遊嬉，時有羣雁飛行於虚空。提婆達多射一雁，雁帶箭落於太子園中，太子愍之，拔箭而療其瘡。提婆達多使人求之，不與。是爲提婆達多構怨最初之因緣也。見《佛本行集經》十二。○《法華合論》十二：「論曰：『提婆達多，此言天熱。生時人天心皆熱，故以爲名。斛飯王之子，佛之從弟。初其母禱天而娠，亦名天授。然其行逆，方佛化被大千，含識者必敬信，而提婆達多獨害之。以毒藏十指甲，見佛，接足而禮，佛足不傷，而指自壞。不勝其忿，教阿闍世王放五百護財醉象，以衝佛之駕，佛以手示之，醉象見佛十指皆現師子，伏地驚攝，遺糞而去。因嗜酥多食，頭痛呻吟，佛遥聞，憐之，引手爲摩其頭，痛即止。大喜曰：何從得此長手耶？孰視之，知爲佛手，乃又大怒。蓮華色比丘見之，無故又大怒，以拳歐之至死。佛訶誨之，終不悛。嘗破僧，領五百比丘，欲爲己徒衆，將去之。舍利弗厭之睡，睡熟，而大目犍連以手擎之以往。既覺，大怒，誓報之。乃以大石抵佛，石長三十肘，廣十五肘，地神手遮之，石碎，迸其小者，中佛足流血。其五逆大罪皆此類。佛終悲憐之。』」〇釋元照《觀經疏》中：「調達犯三逆罪，生入地獄。闍王殺父害母，共造五逆。此皆大權化事，或逆或順，無非益物，爲絶後世起逆業故。經云：『示現有三毒，又現邪見相。我弟子如是，方便度衆生。』又《涅槃》云：『提婆達多不曾墮獄造逆等，實非聲聞緣覺境界，唯是諸佛之所知見是也。』」

收執父王頻婆娑羅，

頻婆娑羅，佛在世時摩竭陀國王之名。〇《增一阿含經》卷八：「爾時提婆達兜惡人，便往至婆羅留支（阿闍世之别名）王子所，告王子言：『昔者民萌，壽命極長。如今人壽，不過百年。王子當知，人命無常，備不登位，中命終者，不亦痛哉！王子時可斷父王命，統領國人。我今當殺沙門瞿曇，作無上至真等正覺。於摩竭國界新王新佛，不亦快哉！如日貫雲，靡所不照，如月雲消，衆星中明。』爾時婆羅留支王子，即收父王著鐵牢中，更立臣佐，統領人民。」〇《大涅槃經》二十：「頻婆娑羅，往有惡心。於毘富羅山遊行獵鹿，周徧曠野，悉無所得，唯見一仙，五通具足。見已，即生瞋恚惡心：『我今遊獵，所以不得，正坐此人。』驅逐令去，即敕左右而令殺之。其人臨終，生瞋惡心，退失神通，而作誓言：『我實無辜，汝以心口横加戮害。我於來世，亦當如是，還以心口而害於汝。』」〇智者大師《觀經疏》：「如此等事，皆是大士善權現化，行於非道，通達佛道。衆生根性不同，入道有異，一逆一順，弘道益物。示物無間，而無惱恚。闍王現逆，爲息惡人令不起逆。」

幽閉置於七重室内。制諸羣臣，一不得往。國太夫人，名韋提希，

韋提希，頻婆娑羅王之后，阿闍世之母也。〇《法華文句》二：「韋提希，此云思維。」〇《法華文句記》：

「亦云思勝。」

恭敬大王，澡浴清浄，

澡，音早，洗也，謂澡浴其身而使之清浄也。〇《禮》：「儒有澡身而浴德。」

以酥蜜、

酥音蘇，酪屬，以牛羊乳爲之。〇《宋史·職官志》：「牛羊司乳酪院，供造酥酪。」〇蜜，蜂蜜也。爲蜜蜂採取花中甘液所釀成，藏於蜂房，人收取之，以供食用。

和麨

凡攙入他物，使之相雜者曰和。〇麨，齒表切，音弨，上聲。糗也，以麥蒸磨成屑爲麨。

用塗其身。

以流質之物敷抹於上，皆曰塗。〇陳與義詩：「銅砌黄金塗。」〇《莊子》：「周以塗吾身，不如避之以潔吾行。」

諸瓔珞中，

連寶玉以爲身飾者曰瓔珞。印度風俗，凡貴人無論男女身皆佩之。

盛蒲萄漿，

盛，受也。〇《詩》：「於以盛之，維筐及筥。」〇蒲萄與葡萄同。蔓生之木本植物，有卷鬚。本出西域，今中國北方多有之。葉掌狀分裂，頗平滑。夏初葉腋抽花穗，簇生小花，色黄緑，爲長圓錐花序。至秋實熟，皮紫緑色。甘美可食，又可製酒。其實多含漿質，故葡萄即爲漿果之一。

密以上王。

密，秘也。〇《易》曰：「幾事不密則害成。」〇上，進也，謂奉之以進於王也。如言上奏上表等。

爾時大王

爾時猶言彼時。〇《世説》：「但欲爾時不可得耳。」

食麨飲漿，求水漱口。

漱，音瘦。漱口，盪口也。

漱口畢已，合掌恭敬，

合左右兩手掌，合十指，爲表吾心專一之敬禮法。中國以拱手爲敬，印度以合掌爲敬。

向耆闍崛山遥禮世尊，

遥，遠也。《禮》曰：「千里而遥。」〇《禮》：「禮拜而表敬意也。」〇世尊爲佛十號之一。《阿含經》及《成實論》，以世尊爲佛號中之第十。《涅槃經》及《智度論》，以世尊置於十號之外。〇《智度論》二：「路迦那他，秦言世尊。」〇浄影《大經疏》：「佛具衆德爲世欽仰，故號世尊。若論胡音，樓伽陀，此云世尊也。」〇《探玄記》九：「以佛具三德六義，於世獨尊，故名世尊。即梵名婆伽婆。」〇《佛説十號經》：「天人凡聖世出世間咸皆尊重，故曰世尊。」〇《成實論》一：「如是九種功德具足，於三世十方世界中尊，故名世尊。」

而作是言：

是字指下文十六字而言。

「大目犍連，

《法華玄贊》云：「梵云摩訶没特伽羅，言大目犍連者，訛也，此云大採菽氏。上古有仙居山寂處，常採菉豆而食，因以爲姓。尊者之母，是彼之族，取母氏姓而爲其名。」○《法華合論》八：「目犍連號大目犍連者，羅夜那名同者多，故以大别之。性豪爽，矯然出羣，以神通稱第一。佛臨阿耨池，池之龍念曰：『此衆乃不見舍利弗耶？』佛勅目連往祇洹精舍呼之，舍利弗方補衲，顧見，謂目連曰：『汝先行，我補竟即去。』於是目連引手摩其刺處，衣即成。舍利弗以鍼之餘線置之地，曰：『汝能舉此乎？』目連盡其神力不能舉。自疑失其神力，又促之，乃去。以屈伸臂頃至佛所，舍利弗已在座前矣。」

是吾親友，

唐釋善導《觀經疏》二：「言大目連是吾親友者，有其二意。但目連在俗，是王别親。既得出家，即是門師。往來宫閤，都無障礙。然在俗爲親，出家名友，故名親友也。」

願興慈悲，

與樂曰慈，拔苦曰悲。○《智度論》曰：「大慈與一切衆生樂，大悲拔一切衆生苦。」

授我八戒。」

八戒，一名八齋戒，即八戒齋。○《俱舍論》十四：「何等名爲八所應離？一者殺生，二不與取，三非梵行，四虚誑語，五飲諸酒，六塗飾香鬘歌舞觀聽，七眠坐高廣嚴麗牀座，八食非時食。」○《智度論》十三：「一不殺生，二不盜，三不婬，四不妄語，五不飲酒，六不坐高大牀上，七不著華瓔珞、不香塗身、不著香薰衣，八不自歌舞作樂不往觀聽，九一日一夜不過中食。」○《十善戒經》：「八戒齋者，是過去現在諸佛如來如在家人制出家法。一者不殺，二者不盜，三者不婬，四者不妄語，五者不飲酒，六者不坐高廣大牀，七者不作倡伎樂，故往觀聽不着香薰衣，八者不過中食。」

時目犍連，如鷹隼飛，

鷹，鷙鳥也。嘴長於鳶，嘴自根節鉤曲，兩翼張度至二尺五寸。背暗褐色，腹白色，有黄褐色横紋。脚四趾，其三向外，其一能前後回轉，皆有鈎爪，勁而有力。眼甚鋭敏，盤旋空中，無微不矚。獵者多畜之，以逐禽兔。一名鶆鳩。○隼，鳥名，鷹類中最小者。毛色斑紋與鷹同，惟胸腹灰白，略帶赤色。○自在飛行於空中，屬於六通中之如意通。○《增一阿含經》曰：「我弟子中，神通輕舉，飛到十方者，大目連第一。」

疾至王所，

疾，急速也。○《淮南子》：「疾雷不及塞耳，疾霆不暇掩目。」○所，處所也。《詩》：「獻於公所。」

日日如是，授王八戒。世尊亦遣尊者

遣音牽，上聲。送也，使也。○《資持記》下三：「尊者，臘高德重，爲人所尊。」○《行事鈔》下三：「下座稱上座爲尊者，上座稱下座爲慧命。」

富樓那

富樓那，又作富囉那彌多羅尼子。○《註維摩經》三：「什曰：『富樓那，秦言滿。彌多羅尼，秦言善知識。

善知識是其母名也。』」○《法華》光宅疏一：「富樓那，姓也。彌多羅尼子者，此翻爲願子。是故無量壽尊者滿願子，即其人也。」○玄應《音義》三：「或譯云滿願子，與佛同日而生。」○《法華經・五百弟子品》：「過無量阿僧祇劫，當於此土得阿耨多羅三藐三菩提，號曰法明如來。」

爲王說法。

《增一阿含經》三：「能廣說法分別義理，所謂滿願子比丘是。」○《法華經・授記品》：「佛告諸比丘：『汝等見是富樓那彌多羅尼子不？我常稱其於說法人中，最爲第一。』」

如是時間，

前時後時之中間曰時間。

經三七日，

世出世間，重其事者，恒以七計算，如齋戒七日、念佛七日之類。三七日者，三與七乘，三七二十一日是也。○《法華經・方便品》：「於三七日中，思惟如是事。我所得智慧，微妙最第一。」

王食麨蜜，得聞法故，

故，原因也。如有因曰有故，無因曰無故。故字之屬於句末者，如《莊子・齊物論》曰：「有成與虧故，昭氏之鼓琴也。無成與虧故，昭氏之不鼓琴也。」有以故字屬於下句之首者，非是。

顔色和悦。時阿闍世問守門者：「父王今者，猶存在邪？」

邪，音耶，疑辭。經傳俱作「邪」，俗作「耶」。

時守門人白言：「大王，國太夫人身塗麨蜜，瓔珞盛漿，持用上王。沙門目連，

《文選》五十九《頭陀寺碑文》註引《瑞應經》曰：「太子出北城門，天帝復化作沙門。太子曰：『何謂沙門？』對曰：『沙門之爲道，舍妻子，捐棄愛欲也。』」〇釋僧肇《維摩經註》曰：「沙門，秦言義訓，勤行趨涅槃也。」〇晉袁宏《後漢記》：「其教以修善慈心爲主，不殺生，專務清淨，其精進者，號爲沙門。沙門者，漢言息心，蓋息意去欲而歸於無爲也。」〇《隋書·經籍志》：「及佛道成，盡皆摧伏，並爲弟子。弟子男曰桑門（即沙門），譯言息心。」

及富樓那，從空而來，爲王說法，不可禁制。」時阿闍世聞此語已，怒其母曰：「我母是賊，

賊，詈人之辭。如《三國志》：「孤與老賊，勢不兩立。」

與賊爲伴。沙門惡人，幻惑咒術，

以幻術惑人之心曰幻惑，神咒之妙術曰咒術。

令此惡王，多日不死。」即執利劍，欲害其母。時有一臣，名曰月光，

待考。

聰明多智，及與耆婆，

耆婆又作耆域。有《奈女耆婆經》、《奈女耆域因緣經》，皆同本異譯之經也。耆婆爲奈女與萍沙王（即頻婆娑羅王）之子，阿闍世王之弟，王舍城之良醫也。奈女即萍沙王之妃云。

爲王作禮。白言：「大王，臣聞《毘陀論經》，

《毘陀論經》，婆羅門所傳經典之名，爲印度最古之聖典，即紀元前千載以前之古記録也。有韋陀、圍陀、皮陀等異名。新譯有吠陀、吠馱、薜陀、鞞陀，明智、明分等異名。○《西域記》二：「其婆羅門，學四吠陀論，曰毘陀，訛也。一曰壽，謂養生繕性。二曰祠，謂享祭祈禱。三曰平，謂禮儀占卜，兵法軍陣。四曰術，謂異能伎數、禁咒醫方。」○《金光明最勝王經》慧沼疏五：「四明法，即四薜陀論，舊曰韋陀，或毘伽羅論，皆訛謬也。一、顔力薜陀，此云壽明，釋命長短事。二、耶樹薜陀，此云祀明，釋祀祠之事。三、娑摩薜陀，此云平明，平是非事。四、阿達薜陀，此云述明，釋伎事。」○《法華文句》八之三：「毘陀論，此云智論。」○玄應《音義》十九：「毘陀或言韋陀，皆訛也，應言鞞陀。此云分也，亦云知也。」○《唯識述記》一末：「明論者，先云韋陀論，今云吠陀論。吠陀者，明也，明諸實事故。」○《演密鈔》二：「吠陀此云明，即是外道四明也。」○《百論疏》上之下：「四皮陀者，一荷力皮陀，明解脱法。二冶受皮陀，明善道法。三三摩皮陀，明欲塵法，謂一切婚嫁欲樂之事。四阿闥皮陀，明咒術算數等法。本云皮陀，此間語訛，故云韋陀。」

説劫初以來

劫初者，成劫之初，謂此世界初成之時。

有諸惡王，貪國位故，殺害其父，一萬八千，未曾聞有無道害母。王今爲此殺逆之事，汙刹利種，

汙，言以不潔之物染之也。○《西域記》二：「二曰刹帝利，王種也。舊曰刹利，略也。」○《註維摩經》二：「肇曰：『刹利王種也，秦言田主。』」

臣不忍聞。是旃陀羅，

旃陀羅，又名旃荼羅。○玄應《音義》三：「旃陀羅，此云嚴熾，謂屠殺者種類之名也。一云主殺人獄卒也。」○《法顯傳》二十三：「旃荼羅，此云執暴惡人，亦言惡殺。」

我等不宜復住於此。」時二大臣，

二大臣即月光、耆婆。

説此語竟，

竟，終也。

以手按劍，卻行而退。

卻，退後也。○以手按劍者，耆婆以手按住阿闍世執劍之手。卻行而退者，耆婆拉阿闍世王而退行也。

時阿闍世驚怖惶懼，告耆婆言：「汝不爲我邪？」

《論語》：「夫子爲衛君乎？」註：「爲，猶助也。」

耆婆白言：「大王，慎莫害母。」王聞此語，懺悔求救，

《止觀》七：「懺名陳露先惡，悔名改往修來。」○《金光明經文句記》三：「懺悔二字，乃雙舉二音，梵語懺摩，華言悔過。」

即便捨劍，止不害母。勅語内官，

勅，恥億切，與敕、勅同，詔命曰敕。漢唐以來，天子頒佈臣民之書，謂之詔敕，亦單稱敕，猶後世之有諭旨也。○語，告也。○《左傳》：「内官不及同姓。」○《周語》：「内官不過九御。」註：「内官九嬪。」

閉置深宫，

《周禮註》：「婦人稱寢曰宫。宫者，隱蔽之言。至秦漢以來，乃定爲至尊所居之稱。」

不令復出。時韋提希被幽閉已，愁憂憔悴。

憔悴，枯槁貌。《國策》：「顔色憔悴。」

遥向耆闍崛山，爲佛作禮，而作是言：

是字，指下文四十字而言。

「如來世尊，

如來爲佛十號之一。○《大日經疏》一：「如諸佛，乘如實道來成正覺。今佛亦如是來，故云如來。」○《秘藏記本》：「如來謂成佛以後，悲願力故垂化也。乘如而來，故曰如來。」

在昔之時，恒遣阿難，來慰問我。我今愁憂，世尊威重，無由得見。願遣目連尊者、阿難，

阿難爲斛飯王之子，提婆達多之弟，佛之從弟，爲十大弟子之一。生於佛成道之夜。佛五十五歲，阿難適二十五歲。即於此時出家，侍佛二十五年，受持一切佛法。○尊者，下座稱上座也。目犍連人每稱之

曰目連尊者，如稱賓頭盧頗羅墮爲賓頭盧尊者是也。阿難年少於目連，且爲夫人所習見，故尊者二字當屬目連下。

與我相見。」作是語已，悲泣雨淚，

泣，無聲出涕也，哭之細也。○雨淚，淚下如雨也。

遥向佛禮。未舉頭頃，

頃，時不久也。

爾時，世尊在耆闍崛山，知韋提希心之所念。即勅大目犍連及以阿難，從空而來。佛從耆闍崛山没，於王宫出。時韋提希禮已舉頭，見世尊釋迦牟尼佛，

慧苑《音義》下：「釋迦，能也，種族望稱也。」○《釋迦譜》一：「釋義齊云能，《瑞應本起》亦云「釋迦爲能」」，其解是同。○慧苑《音義》下：「牟尼此云寂默，是德行之號。」○《大日經》十三：「牟尼是佛都號也。」

身紫金色，

紫金即紫磨金。紫，紫色。磨，無垢濁也。○《涅槃論》：「閻浮檀金有四種：一青，二黄，三赤，四紫磨。紫磨金具有衆色。」○孔融《聖人優劣論》：「金之精者名爲紫磨，猶人之有聖也。」○《續博物志》：「華俗謂上金爲紫金。」

坐百寶蓮華。

百寶，貴重之稱。○諸佛常以蓮華爲坐牀，蓋取蓮華藏世界之義。蓮華藏世界者，報身佛之浄土也。○

《智度論》八：「以蓮華軟浄，欲現神力，能坐其上，令不壞故。又以莊嚴妙法坐故。又以諸華皆小無如此華，乃至梵天王坐蓮華上，是故諸佛隨世俗故，於寶華上結跏趺坐。」

目連侍左，阿難侍右。釋梵護世諸天，

釋，帝釋也。帝釋爲忉利天之主，居須彌山頂之喜見城，統領此外之三十二天。○梵，梵天也。梵天爲色界之初禪天，此天離欲界之婬欲，寂静清浄，故曰梵天。此中有三天：第一曰梵衆天，第二曰梵輔天，第三曰大梵天。○護世者，護世四天王也。居須彌山之半腹，各護其一天下，故云護世。○《維摩經·方便品》：「護世四天王也。諸惡鬼神殘食衆生，護世四王護之，不令害也。肇曰：『護世四王，各治一方，護其所部，使説惡鬼神不得侵害也』。」○《法華經·方便品》：「諸天帝釋，護世四天王。」

在虛空中，

《大乘義章》二：「虛空有體有相。體則周偏，相則隨色，彼此别異。」○《起信論》：「虛空無邊，故世界無邊。世界無邊，故衆生無邊。」

普雨天華，

普，博也，大也，徧也。○凡自上而下，皆曰雨，如雨雹雨雪等。○天華，天上之妙華也。○《心地觀經》一：「六欲諸天來供養，天華亂墜偏虛空。」○《法華經·譬喻品》：「諸天伎樂百千萬種，於虛空中一時俱起，雨諸天華。」○《法華經·序品》：「佛説此經已，結跏趺坐，入於無量義處三昧，身心不動。是時天雨曼陀羅華、摩訶曼陀羅華、曼殊沙華、摩訶曼殊沙華，而散佛上，及諸大衆。」

持用供養。時韋提希見佛世尊，自絶瓔珞，舉身投地，

唐釋善導《觀經四帖疏》二：「言自絶瓔珞者，此明夫人身莊瓔珞，愛猶未除。忽見如來，羞慚自絶。問曰：『云何自絶也？』答曰：『夫人乃是貴中之貴，尊中之尊，身四威儀，多人供給，所著衣服，皆使傍人。今既見佛，恥愧情深，不依鈎帶，頓自掣卻，故云自絶。』」○釋元照《觀經疏》中：「被因日久，不期遇佛。悲喜盈懷，無暇容緩。挽斷項纓，持用獻佛。投身於地，以竭其誠。」○或曰：「自絶瓔珞舉身投地者，倒裝句也。言一見世尊，欣幸急迫，不容自已，更投地而重拜。於時夫人身上所莊嚴之瓔珞，雖斷絶而不顧也。」

號泣向佛。白言：「世尊，我宿何罪，

宿，宿世也。《法華經·授記品》：「宿世因緣，吾今當說。」

生此惡子？世尊復有何等因緣，與提婆達多，

提婆達多即調達，詳前註。○智者大師《觀經疏》：「昔於錠光佛時，釋迦爲摩納，就珍寶仙人學。學習既成，念欲報恩。自惟貧乏，於時耶若達欲嫁女，時有須摩提求爲女壻，聰明有智而形貌醜。摩納遇見論義，須摩提屈在言下。耶若達歡喜，大賜珍寶，以女妻之。摩提生忿，發誓未來世世常惱。爲此因緣常觸惱也。」○案：須摩提即提婆達多之前身。

共爲眷屬？

提婆達多爲佛之從弟，故謂之眷屬。

唯願世尊爲我廣説無憂惱處，我當往生，

往生，見下註。

不樂閻浮提

閻浮提，須彌山南方之大洲，即吾人之住處也。此洲之中心，有閻浮樹林，故以此名其洲。○《智度論》三十五：「如閻浮提者，閻浮樹名，其林茂盛，此樹於林中最大，提名爲洲。」○《西域記》一：「南贍部洲，舊曰閻浮提洲，訛也。」

濁惡世也。

濁，五濁也。○《法苑珠林》九十八：「一衆生濁，謂衆生多諸弊惡，不孝敬父母尊長，不畏惡業果報，不作功德，不修齋法，是名衆生濁；二見濁，謂正法已滅，像法漸起，邪法轉生，邪見增盛，不修善道，是名見濁；三煩惱濁，謂衆生多諸受欲，慳貪鬭諍，諂曲虚誑，攝受邪法，惱亂心神，是名煩惱濁；四命濁，謂往古世時，人壽八萬四千歲，今時人壽轉減，百歲者稀，以惡業增，故壽數短促，是名命濁；五劫濁，劫梵語，具云劫波，華言分別時節，謂減劫中人壽減至三十歲時，饑饉災起，減至二十歲時，疾疫災起，減至一十歲時，刀兵災起，世界衆生，無不被害，是名劫濁。」○惡，十惡也。《法界次第》上之上：「一殺生，斷一切衆生命，故名爲殺生。二偷盗，盗取他財物，故名爲偷盗。三邪婬，於非妻妾而行欲事，故名邪婬。四妄語，以言誑他，故名妄語。五兩舌，搆鬭之言間他，令致得失分乖，名爲兩舌。六惡口，惡言加彼，令他受惱，名爲惡口。七綺語，綺側語辭，言乖道理，名爲綺語。八貪欲，引取順情塵境，心無厭足，名爲貪欲。

九瞋恚，若對違境，心生忿怒，名爲瞋恚。十邪見，撥正因果，僻言求福，皆名邪見。」○《法華經·方便品》：「我出濁惡世。」又《普賢勸發品》：「後五百歲濁惡世中。」

此濁惡處，地獄、

《法華文句》四：「地獄此方語，胡稱泥犁者，秦云無有。無有喜樂，無氣味，無觀無利，故云無有。」○地獄有三類：一、根本地獄，八大地獄及八寒地獄是也；二、近邊地獄，十六游僧地獄是也；三、孤獨地獄，在山間曠野空中等。○案：《大智度論》十六，論地獄有二千餘言，兹録八大地獄中之阿鼻地獄，以概其餘。《大智度論》曰：「見阿鼻地獄，縱廣四千里，周圍鐵壁，於七地獄，其處最深。獄卒羅刹以大鐵槌，槌諸罪人，如鍛師打鐵，從頭剥皮，乃至其足，以五百釘，釘磔其身，如磔牛皮，互相掣挽，應手破裂。熱鐵火車以轢其身，驅入大坑，令抱炭出。熱沸屎河，驅令入中。中有鐵嘴毒蟲，從鼻中入，脚底出，從足下入，口中出。豎劍道中，驅令馳走，足下破碎，如廚膾肉。利刀劍矟，飛入身中，譬如霜樹落葉，隨風亂墜。罪人手、足、耳、鼻、支節，皆被斫剥割截在地，流血成池。二大惡狗：一名賒摩，二名賒婆羅。鐵口猛毅，破碎人筋骨，力踰虎豹，猛如師子。有大刺林，驅逼罪人彊令上樹，罪人上時，刺便下向，下時刺便上向。大身毒虵，蝮蠍惡蟲，競來齧之。大鳥長觜，破頭噉腦。入鹹河中，隨流上下，出則蹈熱鐵地，行鐵刺上。或坐鐵弋，弋從下入。以鉗開口，灌以洋銅，吞熱鐵丸，入口口焦，入咽咽爛，入腹腹然，五藏皆焦。直過墮地，但見惡色，恒聞臭氣。常觸麤澀，遭諸苦痛，迷悶委頓。或狂逸摚揬，或藏竄投擲，或顛仆墮落。此人宿行，多造大惡五逆重罪，斷諸善根。法言非法，非法言法，實言非實，非實言實，破因破果，憎嫉善人。以是罪故，入此地獄，受罪最劇。」

餓鬼、

《大乘義章》八末：「言餓鬼者，如《雜心釋》，以從他求故名餓鬼。又常飢虚，故名爲餓。恐怯多畏，故名爲鬼。」○《正法念經》十六：「餓鬼所住，略有二種：一者人中住，二者住於餓鬼世界。是人中鬼，若人夜行，則有見者。餓鬼世界者，住閻浮提下五百由旬，長三萬六千由旬。」○《智度論》十八：「見餓鬼中飢渴故，兩眼陷，毛髮長，東西馳走。若欲趣水，護水諸鬼以鐵杖逆打。設無守鬼，水自然竭。或時天雨，雨化爲炭。或有餓鬼常被火燒，如劫盡時，諸山火出。或有餓鬼，羸瘦狂走，毛髮鬔亂以覆其身。或有餓鬼常食屎尿，涕唾嘔吐，盪滌餘汁。或時至厠溷邊立，伺求不浄。或有餓鬼常求産婦藏血飲之，形如燒樹，咽如鍼孔，若與其水，千歲不足。或有餓鬼自破其頭，以手取腦而舐。或有餓鬼形如黑山，鐵鎖鎖頸，叩頭求哀，歸命獄卒。或有餓鬼先世惡口，好以麤語加被衆生，衆生憎惡，見之如讎。以此罪故，墮餓鬼中。如是等種種罪故，墮餓鬼趣中，受無量苦痛。」

畜生盈滿，

蓄養之生類，故名畜生。世人或因啖食或因驅使而蓄養之。○《大乘義章》八末：「言畜生者，從主蓄養，以爲名也。」○《釋氏要覽》中：「《辯意經》云：『有五事作畜生：一犯戒私竊，二負債不還，三殺生，四不喜聽受經法，五常以因緣艱難齋會。』」○《止觀》十：「無慚無愧，即畜生界。」○《大智度論》十六：「人身多苦少樂，壽盡多墮惡趣中。見諸畜生受諸苦惱，鞭杖驅馳，負重涉遠，項領穿壞，熱鐵燒烙。此人宿行因緣，以繫縛衆生，鞭杖苦惱，如是等種種因緣故，受象、馬、牛、羊、麞、鹿畜獸之形。婬欲情重，無明偏多，受鵞、鴨、孔雀、鴛鴦、鳩、鴿、雞、鶩、鸚鵡百舌之屬，受此衆鳥，種類百千。婬行罪故，身生毛羽，隔諸細滑，觜距麤鞕，不別觸味。瞋恚偏多，受毒虵、蝮蝎、蛟蜂、百足含毒之蟲。愚癡多故，受蚓蛾、蜣蜋、蟻螻、鵂鶹、角鵄之屬，諸騃蟲鳥。憍慢瞋多故，受師子、虎、豹諸猛獸身。邪慢緣故，受生驢、豬、駱駞之中。慳貪嫉妒輕躁短促故，受獼猴、猬玃、熊羆之形。邪貪憎嫉業因緣故，受貓、狸、土虎諸獸之身。無媿無慙饕餮因緣故，受烏鵲、鵄鷲諸鳥之形。輕慢善人故，受雞、狗、野子等身。大作布施，瞋恚曲心，以此因緣故，受諸龍身。大修布施，心高陵虐苦惱衆生，受金翅鳥形。如是等種種結使業因緣故，受諸畜生禽獸之苦。」

多不善聚。

《唯識論》五：「能爲此世他世違損，故名不善。」〇《大乘義章》七：「惡法違損，稱曰不善。」〇《勝鬘寶窟》上末：「十惡破戒違理，名爲不善。」

願我未來，

今生已後之生曰未來。

不聞惡聲，

《孟子》：「惡聲至，必反之。」〇《晉書・祖逖傳》：「與劉琨同寢，夜聞荒雞鳴，蹴琨覺曰：『此非惡聲也。』因共起舞。」〇樂毅《報燕王書》：「君子絶交，不出惡聲。」

不見惡人。今向世尊，五體投地，

五體，又作五輪：一右膝，二左膝，三右手，四左手，五頭首。〇《資持記》下三之二：「五處皆圓，故名五輪。四支及首，名爲五體。輪則別指五處，體則通目一身。」〇五體投地，爲敬禮中之最上者。〇《行事鈔》下之三：「地持當五輪至地作禮。阿含云：『二肘、二膝、頂，名輪也。』亦云五體投地。光正立已，合掌，左手褰衣，屈二膝已，次屈兩手，以手承足，然後頂禮。起，頂頭，次肘，次膝，以爲次第。」

求哀懺悔。

《六祖壇經》：「云何名懺？云何名悔？懺者懺其前愆，從前所有惡業，愚迷憍誑嫉妒等罪，悉皆盡懺，永不復起，是名爲懺。悔者悔其後過，從今已後所有惡業，愚迷憍誑嫉妒等罪今已覺悟，悉皆永斷，更不復作，是名爲悔。故稱懺悔。」〇餘見前「懺悔求救」註。

唯願佛日，

佛能破衆生之癡闇，故以日爲喻。〇《涅槃經》十九：「佛日將没大涅槃山。」

教我觀於清淨業處。」

清淨業者，即清淨之善業也，爲往生西方淨土之業因。清淨業處，指淨土而言。〇以上別序。

二　正宗分

《三藏法數》九：「二正宗分，宗即主也，亦要也。蓋佛説經，必以正説爲主，又正明一經要義故也。如《楞嚴經》第一卷，從阿難見佛頂禮悲泣下，徵心辨見，分別真妄，會萬法歸如來藏，乃至説咒立壇，遠離魔事，令阿難大衆除惑證道，至第十卷重研五陰，知有涅槃，不戀三界等。此是一經正説，故名正宗分。」

爾時，世尊放眉間光，

眉間光，即眉間白毫相放出之光也。此爲佛三十二相之一。〇《法華經・序品》：「佛放眉間白毫相光，照於東方萬八千世界。」

其光金色，徧照十方無量世界，

十方者，四方四維及上下也。〇《攝大乘論釋》八：「不可以譬類得知爲無量。」〇《楞嚴經》四：「世爲遷流，界爲方位。汝今當知，東西南北、東南西北、上下爲界，過去、未來、現在爲世。」〇《名義集》三：「間之與界，名異義同。間是隔别間差，界是界畔分齊。」

還住佛頂，化爲金臺，

轉換舊形曰變，無而忽有名化。佛菩薩之通力，能變化有情非情之一切。〇金臺，金之臺座也。〇《幽明録》：「海中有金臺，出水百丈，結搆巧麗，窮極神工，横光岳渚，竦曜星漢。」

如須彌山。

《註維摩經》一：「肇曰：『須彌山，天帝釋所住金剛山也。秦言妙高。處大海之中，水上方高三百三十六萬里。』」〇《勝鬘寶窟》中本：「須彌，此言妙高，亦名安明，亦言善積。林公：『須彌留，此言善高，三百三十六萬里。』」〇《西域記》一：「蘇迷盧山，唐言妙高山。舊曰須彌，又曰須彌婁，皆訛畧也。四寶合成，在大海中。」

十方諸佛淨妙國土，

淨妙，清淨微妙也。○《法華經·譬喻品》：「是皆一相一種，能生淨妙第一之樂。」○一切有情之住處，曰國土，有淨土、穢土等之區別。此淨妙國土，指淨土而言。

皆於中現。或有國土，七寶合成。

七寶，考諸經論，其説少有不同。如《法華經·授記品》：「金、銀、瑠璃、硨磲、碼碯、真珠、玫瑰七寶合成。」《無量壽經》上：「七寶：金、銀、瑠璃、玻瓈、珊瑚、碼碯、硨磲。」《智度論》十：「有七種寶，金、銀、毘琉璃、頗梨、車渠、馬腦、赤真珠等是。」

復有國土，純是蓮華。

諸佛報身之淨土也。名寶蓮華所成之土，略名華藏世界。如釋迦之華藏，《華嚴經》之所説是也。彌陀之華藏，本經所説之極樂是也。大日之華藏，《大日經》、胎藏界《密嚴經》之密嚴國是也。

復有國土，如自在天宫。

自在天宫爲色界之第四禪自在天王之宫殿也。

復有國土，如玻瓈鏡。

玻瓈又作頗梨。○慧苑《音義》上：「頗梨正云窣坡致迦。其狀少似此方水精，然有赤有白等也。」○鏡，律名好照。○《資持記》下之三：「坐禪之處，多懸明鏡，以助心行。」

十方國土，皆於中現。有如是等無量諸佛國土，嚴顯可觀，

嚴，嚴淨也，謂國土之莊嚴清淨也。○《法華經·序品》：「示諸佛土，衆寶嚴淨。」○顯，顯明也，無惡之垢染也。○《無量壽經》上：「洗濯垢汙，顯明清白。」

令韋提希見。時韋提希白佛言：「世尊，是諸佛土，雖復清淨，

《俱舍論》十六：「諸身、語、意三種妙行，名身、語、意三種清淨。暫永遠離一切惡行煩惱垢，故名爲清淨。」

皆有光明。

自瑩曰光，照物曰明。○《探玄記》三：「光明有二義：一是照闇義，一是現法義。」○《往生論》下：「佛光明，是智慧相也。」○《千手陀羅經》：「當知其人即是光明藏，一切如來光明所照故。」○光明有三種：一、外光明，如日月火珠等能除暗者；二、法光明，如妙法能除癡愚之暗者；三、身光明，諸佛菩薩及諸天等，身有光明，而能除暗者。詳《瑜珈論》十一及《三藏法數》十三。

我今樂生極樂世界阿彌陀佛所，

極樂世界又作須摩提，又作安樂，又作清泰。阿彌陀佛，一作無量壽，又作無量光，又作尊音王。○《阿彌陀經》：「從是西方過十萬億佛土，有世界，名曰極樂。其土有佛號阿彌陀，今現在説法。乃至其國衆生無有衆苦，但受諸樂，故名極樂。」○《無量壽經》上：「法藏菩薩今已成佛，現在西方，去此十萬億刹，其佛世界名曰安樂。」○《般舟三昧經·行品》：「去此間千億佛刹，其國名須摩提。」○《平等覺經》一：「無量清淨佛，作佛已來凡十小劫。所居國名須摩提，正在西方，去是閻浮刹地界千億萬須彌山佛國。」○《稱讚淨土經》：「於是西方去此世界過百千俱胝那庾多佛土，有佛世界名曰極樂。其中世尊名無量壽，及無量光。」○《悲華經》三：「大王，汝見西方，過百千萬億佛土有世界，名尊善無垢，彼界有佛名尊音王。乃至如是諸佛悉滅度已，復過一阿僧祇劫等阿僧祇劫，入第二恒河沙等阿僧祇劫，是時世界轉名安樂。汝於是時當得作佛，號無量壽。」○《鼓音聲經》：「西方安樂世界，今現有佛號阿彌陀，乃至其國號曰清泰，聖王所住。」○《觀音授記品》：「西方過此億百千剎，有世界名安樂，其國有佛號阿彌陀。」○《秘藏記》上：「華藏世界者，最上妙樂在其中，故曰極樂。當知極樂與華藏，雖名異而非異所。」

唯願世尊教我思惟，

定心後即無思無想，而定前一心之思想曰思惟。○善導《序分義》：「言我思惟者，即是定前方便，思想憶念彼國依正二報、四種莊嚴也。」

教我正受。」

正受又名三昧，是禪定之異名。離邪亂曰正，無念無想納法於心曰受，如明鏡之無心現物也。○《大乘義章》十三：「離於邪亂，故説爲正，納法稱受。」○《探玄記》三：「納法在心，名爲正受。」○《觀經玄義》：「言正受者，想心都息，緣慮並亡，三昧相應，名爲正受。」又曰：「因前思想漸微，微細覺想俱亡，唯有定心，與前境合，名爲正受。」

爾時，世尊即便微笑，

佛不妄笑，惟遂其出世之本懷時，始以微笑許人。故佛之微笑者，顯現其出世之本懷也。

有五色光從佛口出，一一光照頻婆娑羅王頂。

一一猶言逐一也。

爾時，大王雖在幽閉，心眼無障。

觀念之心，能照了諸法，曰心眼。○《往生要集》中本：「行者以心眼見於己身，亦在於彼光明照中。」○障，煩惱之異名。煩惱能障礙聖道，故名障。○《大乘義章》五本：「能礙聖道，説以爲障。」

遥見世尊，頭面作禮。

我以頭面，頂禮尊者之足，曰頭面作禮。○《智度論》十：「何以曰頭面禮足？答曰：『人身中第一貴者頭，五情所著，而最在上故。足第一賤，履不浄處，最在下故。是故以所貴禮所賤，貴重供養故。』」○《法華經·化城喻品》：「時諸梵天王，頭面禮佛，繞百千匝。」

自然增進，

增進者，增進佛道樂也。爲《往生要集》所説十樂之第十。蓋以往生極樂，自然有增進佛道之樂事，故曰自然增進。

成阿那含。

阿那含，一作不還，又作不來，斷盡欲界煩惱之聖者名也。爲小乘四果中之第三果。此聖者於來世當生於色界、無色界，不再來欲界，故曰不還。○《大乘義章》十一：「阿那含者，此名不還。小乘法中，更不還欲界受身，名阿那含。」○釋元照《觀經疏》：「頻婆見佛得果，應與夫人同聞觀法。後結益中，但叙韋提五百侍女，乃知頻婆證果，即歸滅矣。」

爾時世尊，告韋提希：「汝今知不？

不，與「可否」之「否」通。下仿此。

阿彌陀佛去此不遠。汝當繫念，

繫念者，繫念於一處而不思他處也。○《寶積經》四十七：「晝夜常繫念，勿思於欲境。」○繫念與係念同，《説文》：「係，結束。亦連綴不絶也。」○《無量壽經》上：「係念我國。」○《大經鈔》：「係念定生願。」

諦觀彼國，

諦，審也。

浄業成者。

浄業，詳下文。

我今爲汝廣説衆譬，亦令未來世一切凡夫，

《法苑珠林》二十八：「二以普及爲言，切以盡際爲語。」○《無量壽經》慧遠疏上：「舉一名餘，故云一切。」○《大威德陀羅尼經》：「於生死迷惑流轉，住不正道，故名凡夫。」○《法華經》：「凡夫淺識，深著五欲。」○《止觀》一：「凡者常也，亦非一也，席品多故。」

欲修浄業者，得生西方極樂國土。欲生彼國者，當修三福：一者，孝養父母，

子以敬愛供養二親，謂之孝養。又二親没後，作追薦供養者，亦曰孝養。○《四十二章經》：「凡人事天地鬼神，不如孝其親，二親最神也。」○《大集經》：「世若無佛，善事父母，即是事佛。」○《六方禮經》：「子

事父母，當有五事：一、當念治生。二、早起令奴婢時作飯食。三、勿增父母憂。四、當念父母恩。五、父母有病，恐懼求醫治之。」〇《觀經約論》：「孝養父母者，衆生依於父母而有其身，依於此身而知有佛。故不敬其身，則不能成就一切種智；不敬其親，則不能長養一切福田。或謂如來舍親出家，疑乖孝養之理，不知有世間之孝，有出世間之孝。世間之孝，生則盡養，死則盡享，立身行道，揚名後世則已。出世之孝，必待吾親出三有，證無生，子道方盡。大孝尊親，孰過於是？」〇《觀經直指疏》：「供職不怠名孝養。」

奉事師長，

長，音掌。〇《長阿含經》：「弟子敬奉師長，有五事。云何爲五？一、供給所需。二、敬禮供養。三、尊重戴仰。四、凡師教敕，恭順無違。五、從師聞法善持不忘。」〇《六方禮經》：「弟子事師，當有五事：一、當敬憚之。二、當念其恩。三、隨其所教。四、思念不厭。五、當從後稱譽。」〇《觀經約論》：「奉侍師長者，有世間師長，有出世間師長。道之以詩書之業，策之於仁義之塗，世間師長也。啟之以三尊之教，進之以不二之門，出世間師長也。」〇《觀經直指疏》：「服勞無違名奉事。」

慈心不殺，

不殺害有情之生命，此戒在出家在家、小乘大乘一切戒中。〇《觀經約論》：「慈心不殺者，佛心者，大慈悲是。娑婆惡業，無過殺生。歷劫寃讎，從殺生起。殺心不斷，則慈心不充。慈心不充，則與衆生成敵兩立。與衆生成敵兩立，即與如來成敵兩立，欲求生淨土，難矣。」

修十善業。

《法界次第》上之上：「十善者：一、不殺生，即是止善。止前殺生之惡行，善者當行放生之善也。二、不偷盜，即是止善。止前盜他財物之惡行，善者當行布施之善。三、不邪婬，即是止善。止前於非妻妾婬欲之惡行，善者當行恭敬之善。四、不妄語，即是止善。止前虛言誑他之惡行，善者當行實語之善也。五、不兩舌，即是止善。止前搆鬪兩邊之惡行，善者當行和合之善。六、不惡口，即是止善。止前惡言加人之惡行，善者軟語之善。七、不綺語，即是止善。止前綺側乖理之惡語行，善者當行有義語饒益之善。八、不貪欲，即是止善。止前引取無厭之惡語行，善者當行不淨觀觀諸六塵皆欺誑不淨之觀行善。九、不瞋恚，即是止善。止前忿怒之惡行，善者當行慈忍之善。十、不邪見，即是止善。止前撥正因果僻言邪心之惡行，善者當行正信歸心正道生智慧之善心。」

二者，受持三歸，

受，領受。持，憶持。以信力故，曰受。以念力故，曰持。爲《法華》五種法師行之一。〇《勝鬘寶窟》上本：「始則領受在心曰受，終則憶而不忘曰持。」〇三歸，一作三歸依。〇《法界次第》上之下：「一歸依佛。佛陀，秦言覺者，自覺覺他，故名爲佛。歸者，以反還爲義，反邪師還事正師，故名歸。依者憑也，憑心靈覺，得出三塗及三界生死也。故經云：『歸依於佛者，終不更歸依其餘諸外天神也。』二歸依法。達磨，秦言法，法云可軌，大聖所説，若教若理，可爲心軌，故言法也。歸者反邪法還修正法，故名歸。依者憑佛所説法，得出三塗及三界生死。故經云：『歸依於法者，永離於殺害。』三歸依僧。僧伽，秦言衆，衆名和合，出家三乘行者，心與佛所説事理法合，故名爲僧。歸者反九十五種邪行之侶，歸心出家三乘正行之伴，故名歸。依者憑心出家三乘正行伴，得出三塗及三界生死。故經云：『歸依於僧者，永不復更歸依其餘諸外道也。』」

具足衆戒，

具足衆戒者，比丘有二百五十戒，比丘尼有五百戒。○比丘二百五十戒，分爲八段：第一、波羅夷。（在僧律中爲極惡大罪。）此有四戒，婬、盜、殺、妄也。第二、僧殘。（犯之必依衆僧行懺悔法。）此有十三戒：一故失精戒，二觸女人戒，三麤語戒，四歎身索供養戒，五媒嫁戒，六有主房戒，七無主房戒，八無根謗戒，九假根謗戒，十破僧違諫戒，十一助破僧違諫戒，十二汙家擯謗違諫戒，十三惡性拒僧違諫戒。第三、二不定：（輕重未定也。）一屏處不定，二露處不定。第四、尼薩耆波逸提。（尼，盡也。薩耆，捨也。波逸提，墮也。謂犯此罪牽墮三惡。若犯此墮，要先捨財，後懺墮罪，故云捨墮。）此有三十：長衣、離衣、長鉢、乞鉢等也。第五、波逸提。（墮入地獄也。）此有九十：小妄語、兩舌語、掘地、壞生、飲酒、非時食也。第六、四提舍尼。（向彼懺悔。）蘭若受食、學家受食等也。第七、百衆學戒。齊整著衣、戲笑跳行等也。第八、七滅諍。（滅諍論。）現前毘尼、憶念毘尼等。此之八段，具攝二百五十戒。○比丘尼五百戒，實衹三百四十八戒。束爲七聚：第一、八波羅夷，第二、十七僧殘，第三、三十捨墮，第四、百七十八單提，（猶言單傳，謂禪家直指之旨。僅提宗旨而不涉餘岐之義也。）第五、八提舍尼，第六、百衆學，第七、七滅諍。○《行事鈔》中一：「律中尼有三百四十八戒。」

不犯威儀。

威儀，坐作進退有威德有儀則也。○《法華經·序品》：「又見具戒，威儀無缺。」○《戒疏》一下：「行善所及，各有憲章，名威儀也。威謂容儀可觀，儀謂軌度格物。」

三者，發菩提心，

菩提舊譯爲道，以真道求心曰菩提心。新譯爲覺，以正覺求心曰菩提心。其意一也。○《維摩經・佛國品》：「菩提心是菩薩浄土。」○《智度論》四十一：「菩薩初發心，緣無上道，我當作佛，是名菩提心。」○《觀經玄義分》：「願以此功德，平等施一切。同發菩提心，往生安樂國。」○《大日經疏》一：「菩提心即是白浄心義也。又，菩提心名爲一向志求一切智智。」○《觀經約論》：「何名發菩提心？菩提者，覺也。了知根識塵等，無我無我所。依於法界而起願求，廓徹虚空，平等隨順。心佛衆生，一念圓融，更無差別。」

深信因果，

因能生，果所生。有因必有果，有果必有因，此因果之理也。佛教以因果通於三世，而説善惡報應之義。○《止觀》五下：「招果爲因，尅護爲果。」○《十住毘婆娑論》十二：「因以得知，得者成就。果者從因有，事成名爲果。」○《因果經》：「欲知過去因者，見其現在果。欲知未來果者，見其現在因。」○《涅槃經・憍陳如品》：「善惡之報，如影隨形。三世因果，循環不失。此生空過，後悔無追。」○《觀經約論》：「深信因果者，爲善得福，爲惡得禍。如人蔘主補，大黄主瀉，補瀉在人，全由本具。故知爲善即福，善外無福；爲惡即禍，惡外無禍。是謂因果同時。然則一念念佛，是念即佛，念念念佛，無念不佛。心浄土浄，亦復如是。」

讀誦大乘，

讀誦,就文字曰讀,離文字曰誦。《法華經・法師品》:「受持、讀誦、解説、書寫《妙法華經》,乃至一偈。」○大乘,指大乘經典而言。○佛對於小機則説聲聞、緣覺之法,曰小乘。對於大機則説六度之法,曰大乘。佛滅後,弟子將各經典結集之。如四種《阿含經》等爲小乘經,《華嚴經》《般若經》等爲大乘經。○《觀經約論》:「讀誦大乘者,不讀大乘則不明佛心。不明佛心,則不契佛智。不契佛智,縱生彼國,不得見佛。」

勸進行者。

勸進者,以善根功德,勸誘策進他人也。○《法華經・信解品》:「初不勸進,説有實利。」○《釋氏要覽》上:「經中多呼修行人爲行者。」

如此三事,名爲淨業。」佛告韋提希:「汝今知不?此三種業,乃是過去未來現在三世諸佛

三世諸佛者,出現於三世之諸佛也。○《法華經・方便品》:「三世諸佛説法之儀式。」

淨業正因。」

正因對緣因而説。生正法之因種曰正因,資助正因之力曰緣因。

佛告阿難及韋提希:「諦聽諦聽,善思念之。如來今者爲未來世一切衆生,

《法華文句》四:「《中阿含》十二云:『劫初光音天,下生世間,無男女尊卑,衆共生世,故言衆生。』此據最初也。」○《般若燈論》:「有情者,數數生,故名衆生。」○《大乘義章》七:「多生相續,名曰衆生。」○《俱舍

光記》一上：「受衆多生死，故名衆生。夫生必死，言生可以攝死，故言衆生。死不必生，如入涅槃、故不言衆死。」又曰：「若言處處死生，故名衆生者，此據業力五長流轉也。」

爲煩惱賊之所害者，

煩惱能損慧命，傷法身，故名曰賊。○《大般涅槃經》下：「我等既去無上法王，煩惱之賊，日見侵害。」○《維摩經・菩薩行品》：「以智慧劍，破煩惱賊。」

説清淨業。善哉，韋提希，

善哉，稱讚之辭也。○《法華經・方便品》：「梵音慰喻我，善哉釋迦文。」○《勝鬘寶窟》中本：「善是好之別稱，哉是助語之辭。」○《法華玄贊》四：「法爾隨喜，皆云善哉。」

快問此事。阿難，汝當受持，廣爲多衆宣説佛語。

宣説，演説教法也。○唐《華嚴經》五：「以佛力故能宣説。」○佛語，佛之語言也。○《金剛經》：「如來是真語者，實語者，不誑語者，不異語者。」

如來今者，教韋提希及未來世一切衆生，觀於西方極樂世界。以佛力故，

《大智度論》二十九：「佛有十力：一者，發一切智心堅深牢固力。二者，具足大慈故，不捨一切衆生力。三者，不須一切供養恭敬利故，具足大悲力。四者，信一切佛法具足，生一切佛法及心不厭故，大精進力。五者，一心慧行威儀不壞故，禪定力。六者，除二邊故，隨十二因緣行故，斷一切邪見故，滅一切憶想分別戲論故，具足智慧力。七者，成就一切衆生故，受無量生死故，集諸善根無厭足故，知一切世間如

夢故,不厭生死力。八者,觀諸法實相故,知無吾我無衆生故,信解諸法不出不生故,無生法忍力。九者,入空、無相、無作解脱門觀故,知見聲聞、辟支佛解脱故,得解脱力。十者,深法自在故,知一切衆生心行所趣故,具足無礙智力是也。」《俱舍論》二十七之「十力」與此異。

當得見彼清淨國土。如執明鏡,自見面像。見彼國土極妙樂事,

窮盡曰極。〇妙樂,殊妙之歡樂也。

心歡喜故,

歡喜者,接順情之境,而身心喜悦也。〇《法華經・譬喻品》:「歡喜踴躍。」

應時即得無生法忍。」

《智度論》五十:「無生忍法者,於無生滅諸法實相中信受通達無礙不退,是名無生忍。」〇《智度論》八十六:「乃至作佛不生惡心,是故名無生忍。」〇《大乘義章》十二:「理寂不起,稱曰無生。慧安此理,名無生忍。」〇《仁王經》良賁疏:「言無生者,謂即真理。智證真理,名無生忍。」〇《楞嚴經》長水疏一下:「了法無生,印可決定,名無生忍。」又卷八上:「真如實相名無生法,無漏真智名之爲忍。得此智時,忍可印持法無生理,決定不謬,境智相冥,名無生忍。」〇《大乘義章》十二:「如龍樹説,初地已上亦得無生。若依《仁王經》,無生在七八九地。」〇天台《觀經疏》:「無生忍是初地初住。」〇《寶積經》二十六:「無生法忍者,一切諸法無生無滅忍故。」〇《註維摩經》一:「肇曰:『無生法忍同上不啟法忍,即慧性耳。以見法不生,心智寂滅,堪受不退故,名無生法忍也。』」

佛告韋提希：「汝是凡夫，心想羸劣，

心想者，意識心王之思想也。○羸，音纍，疲弱也。劣，弱也，優之反，猶言不足也。○蔡邕《上孝子程未狀》：「舅偃哀其羸劣，嚼棗肉以哺之。」○王羲之帖：「衰朽羸劣，所憂營如此。」○白居易詩：「禀質本羸劣，養生仍莽鹵。」

未得天眼，

天眼者，色界天人所有之眼，人修禪定而可得之。不問遠近内外晝夜，皆能見物，爲五眼之一。

不能遠觀。諸佛如來，有異方便，

《法華義疏》四：「方便是善巧之名，善巧者智之用也。」○《法華玄贊》三：「權巧方便，實無此事，應物權現，故言方便。利物有則，曰方。隨時而濟，名便。」○天台宗更有一説，以《法華經・方便品》二字解之：方者，秘也。便者，妙也。以方便爲秘密之妙義。○異方便者，特殊之方便也。○《法華經・方便品》：「更以異方便，助顯第一義。」

令汝得見。」時韋提希白佛言：「世尊，如我今者，以佛力故，見彼國土。若佛滅後，

滅，滅度也。○《法華經・序品》：「佛此夜滅度，如薪火滅。」○《佛遺教經》：「世尊滅度，一何疾哉！」

諸衆生等，濁惡不善，

濁，五濁。惡，十惡。詳前。

五苦所逼，

五苦者，五道也。一、地獄道，二、餓鬼道，三、畜生道，四、人道，五、天道。○《觀經妙宗鈔》一：「五苦者，此方名五道。俱不免苦，天道縱樂，還墮惡趣故。」○或曰：「五苦者：一生苦，二老苦，三病苦，四死苦，五犯罪枷鎖苦。」見《五苦章句章》及《三藏法數》二十二。○或曰：「五苦者：一生老病死苦，二愛別離苦，三怨憎會苦，四求不得苦，五五陰盛苦。」見《探玄記》及《三藏法數》二十四。

云何當見阿彌陀佛極樂世界？」

佛告韋提希：「汝及衆生，應當專心繫念一處，

專心者，專心於一，不雜餘念。○《教行信證》二：「專心者，即一心，形無二心也。」○繫念，詳前註。

想於西方。

想爲心性作用之一。以事物之相，現於心上，爲言語之起因者也。○《俱舍論》四：「想謂於境取差別相。」○《唯識論》三：「想謂於境取像爲性，施設種種名言爲業。謂要安立境分齊相，能隨起種種名言。」

云何作想？凡作想者，一切衆生，自非生盲，

目無童子曰盲。生盲者，産生時即不能視物之盲人也。○《涅槃經》：「生盲人不識乳色。」○《大智度論》八：「生盲者，先世重罪故。問曰：『云何先世重罪而令生盲？』答曰：『若破衆生眼，若出衆生眼，若破正見眼，言無罪福。是人死墮地獄，罪畢爲人，從生而盲。若復盜佛塔中火珠，及諸燈明，若阿羅漢、辟支佛塔珠及燈明，若餘福田中奪取光明，如是等種種先世業因緣，故失眼。』」

有目之徒，皆見日没。

日没，吕温《由鹿賦》：「日掩山而西没。」○白居易詩：「白日催年酉時没。」

當起想念，

想念者，思想念慮也。

正坐西向，諦觀於日欲没之處，令心堅住，

堅住者，無前後始終憂喜變動也。

專想不移。

專觀一境，而心不散亂者曰專想。

見日欲没，狀如懸鼓。

專想日之欲没時，其狀如鼓之懸於空中。○《後漢書·五行志》：「梁下有縣鼓，我欲擊之丞卿怒。」按：「縣」與「懸」通。

既見日已，閉目開目，皆令明了。

明了，明知完全之事理也。○《法華經·法師功德品》：「菩薩於浄身皆見世所有，唯獨自明了，餘人所不見。」○《無量壽經》下：「如來智慧海，深廣無涯底。二乘非所測，唯佛獨明了。」

是爲日想，名曰初觀。

《觀經約論》：「經以觀無量壽佛名，不徑令觀佛，而必先之以落日者，取其近而易見故，堅凝正向故，光明洞然，爍破幽暗，見佛階梯故。」

次作水想。見水澄清，

《楞嚴經》：「譬如澄清百千大海。」○《後漢書·黄憲傳》：「叔度汪汪若千頃陂，澄之不清，淆之不濁，不可量也。」○蘇軾《夜渡海》詩：「雲散月明誰點綴，天容海色本澄清。」

亦令明了，無分散意。既見水已，當起冰想。

冰，水遇寒而凝結者也。○《禮》：「水始冰。」

見冰映徹，作瑠璃想。

玄應《音義》二十三：「瑠璃，吠瑠璃也，亦云毘瑠璃，又言鞞頭梨。從山爲名，謂遠山寶也，遠山即須彌山也。此寶青色，一切寶皆不壞。」○慧琳《音義》一：「吠瑠璃，寶名也。或云毘瑠璃，或但云瑠璃。須彌南是此寶也。其寶青色，瑩徹有光，凡物近之，皆同一色。帝釋髻珠，云是此寶。」

此想成已，見瑠璃地，

先教行者想水以住心，轉水以成冰，轉冰以成瑠璃，轉瑠璃以成瑠璃地。

内外映徹。下有金剛、

《三藏法數》四十一：「梵語跋折羅，華言金剛。此寶出於金中，色如紫英，百鍊不銷，至堅至利，可以切玉。世所稀有，故名爲寶。」○《南本涅槃經》二十二：「如金剛寶置之日中，色則不定。金剛三昧亦復如是。」按：依此可知金剛爲透明體。

七寶

註見前。

金幢，

幢，柱巷切，音狀。梵名馱縛若。其狀若突出之高竿柱，以種種之絲帛莊嚴之，以此幢建於佛前，則可麾導羣生，制伏魔衆。○《大日經疏》九：「梵云馱縛若，此翻爲幢。梵云計都，此翻爲旗。其相稍異。幢，但以種種雜色絲幖幟莊嚴。」○《中阿含經》：「我當統領此一切地，乃至大海。不以刀杖，以法教令，令得安樂。有大金幢，諸寶嚴飾，舉高千肘，圍十六肘。我當豎之，既豎之後，下便布施。」○按：此幢爲金剛、七寶所成。所謂金幢者形容其貴重也，如金丹、金炬、金口、金言之金字，皆爲形容詞，不必作金銀之金字解。

擎瑠璃地。

擎，舉也。

其幢八方，

言幢形爲八角式也。

八楞具足。

「楞」與「棱」通，物之有棱角者曰楞。○釋元照《疏》：「八方八楞，其狀如塔。具足者，具備滿足之義。」○《金剛經》：「如來具足五眼。」

一一方面，

方面，方向也。

百寶所成。

《楞嚴經》：「即時天雨百寶蓮花，青黄赤白，間錯紛糅。」○蘇軾《和子由》詩：「百寶裝刀鐶。」

一一寶珠，

寶珠即摩尼珠也，或譯作如意珠。○《法華經》：「浄如寶珠，以求佛道。」○《智度論》五十九：「如意珠能除四百四病。」

有千光明。一一光明，八萬四千色。

西方之法，顯物之多，常舉八萬四千之數，略作八萬四。○《華嚴經》四十四：「爲發大悲心，具説八萬四。」○《般舟讚》：「門門不同八萬四。」○《法華經・藥王品》：「火滅已後，收拾舍利，作八萬四千寶缾，以起八萬四千塔。」○《勝鬘經》：「廣大義者，則是無量。得一切佛法，攝八萬四千法門。」○《智度論》：「般若波羅蜜，能除八萬四千病根本。」○《止觀》一：「一一塵，有八萬四千塵勞門。」○《法華經・見寶塔品》：「持八萬四千法藏十二部經，爲人演説。」又《妙音菩薩品》：「與妙音菩薩俱來者，八萬四千人。」又曰：「與八萬四千菩薩圍繞。」又曰：「是八萬四千菩薩，得現一切色身三昧。」○《智度論》二：「八萬四千官屬，亦各得道。」

映瑠璃地，如億千日，

《瑜伽略纂》二：「西方有四種億：一十萬爲億，二百萬爲億，三千萬爲億，四萬萬爲億。今《瑜伽》《顯揚》

百萬爲億，《華嚴》千萬爲億，《智度論》十萬爲億。」

不可具見。瑠璃地上，以黄金繩，

以黄金製成之繩也。

雜厠間錯，

《觀經直指疏》：「謂以黄金繩，間厠界道傍也。」

以七寶界，

界，界限也。梵語馱都。差別彼此之事物而不混濫也。〇《止觀》五上：「界名界別。」〇《觀經直指疏》：「界，階道也。瑠璃地上有八交道，俱以瑠璃成也。」

分齊分明。

分齊之「分」音問，分劑也。如一分二分是。〇齊，限也。《列子》：「百年壽之大齊。」〇分明，賈誼《論時政疏》：「然後有官師小吏，延及庶人，等級分明。」〇杜甫《花鴨》詩：「黑白太分明。」

一一寶中，有五百色光。

色光，佛身所發之光明，眼可見者，亦名身光。

其光如華，

經典中「花」字統作「華」。

又似星月，懸處虚空，成光明臺。

臺，建築物之居高臨下可以眺望者。○《禮》：「可以處臺榭。」○又據地稍高爲人所望之處，亦曰臺，如講臺、演説臺等。

樓閣千萬，百寶合成。於臺兩邊，各有百億華幢，無量樂器，

無量，數目名，多大至不可以計量也。○《攝大乘論釋》八：「不可以譬類得知，爲無量。」已見前註。○《勝鬘經寶窟》上末：「依《華嚴經》是百二十數中一數之名也，非是汎爾言無量也。」○樂器，絲竹管弦之屬，五聲八音所從出之器也。

以爲莊嚴。

以善美飾國土，或以功德飾依身，曰莊嚴。○《阿彌陀經》：「功德莊嚴。」○《探玄記》三：「莊嚴有二義：一是具德義，二交飾義。」○《法苑珠林》：「當速莊嚴，致於遠處。」

八種清風，

四方四維八方之清風也。○《觀經傳通記》：「天台云：『八種清風者，謂除上下，餘四方四維，故云八。』」

從光明出，鼓此樂器，

鼓，擊搏也，《詩》：「鼓鐘於宮。」○又彈也，《詩》：「如鼓瑟琴。」

演説

對於大衆布演法義也。○《法華經·序品》：「演説正法。」○八十《華嚴經》六：「依於一實理，演説諸法相。」

苦、空、無常、無我之音。

是即有漏果報之四相，名苦諦四行相。苦、空、無常、無我者，此係舊譯，新譯作非常、苦、空、非我。○《俱舍論》二十六：「苦聖諦有四相：一非常，二苦，三空，四非我。待緣故非常，逼迫性故苦，違我所見故空，違我見故非我。」○《大乘義章》三：「逼惱名苦。苦法遷流説爲無常。苦非我所，故名爲空。苦非我體，名爲無我。」

是爲水想，名第二觀。

此想成時，一一觀之，極令了了。

了了，了然之義，謂曉解也。○《後漢書》：「小而了了，大未必奇。」

閉目開目，不令散失。唯除食時，

食時，午時也。因三世諸佛皆以午時爲法食之時。○《毘羅三昧經》曰：「世尊爲惠法菩薩説云：『食有四種：旦，天食時。午，法食時。暮，畜生食時。夜，鬼神食時。』」佛斷六趣因，令同三世佛，故日午時是法食時也。見《法苑珠林》四十二。

恒憶此事。如此想者，名爲麤見極樂國地。

麤，與粗、觕並通，略也。

若得三昧，

《智度論》二十八：「一切禪定，亦名定，亦名三昧。」又二十：「諸行和合，皆名爲三昧。」又二十三：「一切禪定攝心，皆名爲三摩提，秦言正心行處。是心從無始世界來，常曲不端，得此正心行處，心則端直。譬如蛇行常曲，入竹筒中則直。」○《止觀》二：「通稱三昧者，調直定也。《大論》云：『善心一處住不動，是名三昧。』」○《大乘義章》十三：「定者，當體爲名，心住一緣，離於散動，故名爲定。言三昧者，是外國語，此名正定。」又二：「以心合法，離邪亂故，曰三昧。」又九：「心體寂静，離於邪亂，故曰三昧。」○宋王日休曰：「梵語三昧，亦云三摩地，亦云三摩提。此云正定，亦云正受。乃謂入定思想法也。正定者，謂入定之法正也。正受者，謂定中所想境界而受之，非是妄想，故云正受。世人不知此理，乃謂三昧爲妙趣之意。故以善於點茶者，謂得點茶三昧；善於簡牘者，謂得簡牘三昧。此皆不知出處，妄爲此謬説也。」

見彼國地，了了分明，不可具説。

具説，詳盡言之也。

是爲地想，名第三觀。」佛告阿難：「汝持佛語，爲未來世一切大衆欲脱苦者，

脱，脱離也。苦，五苦也。詳前註。

説是觀地法。若觀是地者，除八十億劫

劫，梵語劫簸之略，極久遠之時，不能以通常之年月時日計算者，名曰劫，又譯作大時。○《智度論》三十八：「大時名劫。」○《釋迦氏譜》：「劫波，此土譯之，名長時也。」○慧苑《音義》上：「劫，此翻爲長時。」○《祖庭事苑》：「日月歲數謂之時，成住壞空謂之劫。」

生死之罪。

生死者，生死輪迴也。衆生自無始以來，旋轉於六道生死，最爲苦楚。○《觀念法門》：「生死凡夫，罪障深重，輪迴六道。」○《法華經·方便品》：「以諸欲因緣，墜墮三惡道，輪迴六趣中，備受諸苦毒。」○《心地觀經》：「有情輪迴生六道，猶如車輪無始終。」○《觀佛三昧經》：「三界衆生，輪迴六趣，如旋火輪。」○《身觀經》：「循環三界内，猶如汲井輪。」○《楞嚴經》：「生死死生，生生死死，如旋火輪，未有休息。」○餘詳後。

捨身他世，

捨身，或爲報佛恩，或爲布施。○詳見《法華》。○梁《僧傳》有《亡身篇》，惟大小乘各異其趣。小乘以偏於捨身者爲破戒，如小乘之律藏。大乘以捨身爲菩薩之持戒，如《梵網經》《法華經》等。《寄歸傳》四，叙小律之意。《萬善同歸集》三，述大律之意。○他世，對今世而言未來世也。

必生淨國，

生，往生也。○淨國，清淨之佛國也。○《維摩經·佛國品》：「菩薩取於淨國，皆爲饒益諸衆生故。」○《淨土論註》：「淨國無衰變。」

心得無疑。

無疑，不疑惑也。言深信往生而不疑也。

作是觀者，名爲正觀。

正觀，對於邪觀之稱。○釋知禮《觀經妙宗鈔》：「觀與經合，名爲正觀。」○《無量壽經》上：「正念正觀。」

〇《無量壽經》淨影疏：「離癡見法，名爲正觀。」〇《三論玄義》：「以無得正觀爲宗。」

若他觀者，名爲邪觀。」

佛告阿難及韋提希：「地想成已，次觀寶樹。

寶樹，珍寶之樹也，淨土之木名。〇《法華經·壽量品》：「寶華多華樹，衆生所遊樂。」

觀寶樹者，一一觀之，作七重行音杭。樹想。

行樹，謂羅列成行之樹林也。〇《佛説無量壽經》：「諸寶崖上，有無數旃檀香樹、吉祥果樹，行行相值，莖莖相望，枝枝相准，葉葉相向，花花相順，果果相當，如是行列，是名爲行。」〇《長阿含經》十八：「七重行樹，其金樹者，金根金枝銀葉華實。其銀樹者，銀根銀枝金葉華實。其水精樹，水精根枝琉璃華葉。其琉璃樹，琉璃根枝水精華葉。其赤珠樹，赤珠根枝馬瑙華葉。其馬瑙樹者，馬瑙根枝赤珠華葉。車磲樹者，車磲根枝衆寶華葉。」

一一樹，高八千由旬。

由旬，里數名也。〇《註維摩經》六：「肇曰：『由旬，天竺里數名也。上由旬六十里，中由旬五十里，下由旬四十里也。』」〇釋元照《觀經義疏》：「由旬，西竺驛亭之量。經律所出，遠近不定，諸家多取四十里爲準。」

其諸寶樹，七寶華葉，無不具足。一一華葉，作異寶色。瑠璃色中出金色光，玻瓈色中出紅色光，碼碯色中碼碯音馬腦，爲石英類鑛物，與玉髓同質。時有赤白灰各色相間，成平行層，多爲圓形，中心常空洞，水晶簇生其中，品類甚多。

出硨磲光，

硨磲音車渠，爲文蛤類之最大者。長徑三尺許，殼甚厚，肉白色而光潤，外呈褐色而有凹渠五條。切而磨之，則如白玉。可爲裝飾品，清時以爲頂珠。

硨磲色中出緑真珠光。

真珠亦作珍珠，蚌及珠母所生之珠也。色白如銀，發五色光彩，圓者尤極珍貴。

珊瑚、

暖海中有一種圓筒形小蟲，結合營生，其所分泌之石灰質，即爲其共同之骨幹。形歧出如樹枝，故自昔稱珊瑚樹，實非樹也。其紅色者，前清時以爲帽頂及朝珠。又有白色及黑色者，多爲印章及扇墜之用。○《名義集》云：「珊瑚，梵語鉢擺娑福羅。應法師云：『初一年青色，次年黄色，三年蟲食敗也。』」○《大論》云：「珊瑚出海中石樹。」

琥珀，

鑛物也，地古松柏科植物之樹脂，埋入中國，歷久，遂成此物。産南海及印度洋各島。色黄或褐，透明，中含昆蟲木皮之類。磨擦之能發電，入火則燃，有一種香氣。紅者曰血珀，黄而明瑩者曰蠟珀，可製飾物。

一切衆寶，

一切，該羅事物之稱。餘詳前註。

以爲映飾。

映，照也，謂光輝之反射也。○飾，裝飾也。

妙真珠網，

《大日經疏》一：「妙名更無等比、更無過上義。」○妙真珠網者，以殊妙之真珠造成之網也。

彌覆樹上。

彌，徧也。覆，蓋也。

一一樹上，有七重網。

《阿彌陀經》：「極樂國土有七重欄楯，七重羅網，七重行樹。」

一一網間，有五百億妙華宫殿，

妙華，殊妙之華也。○《無量義經》上：「天雨妙華。」

如梵王宫。

大梵天王之宫殿也。梵王者，大梵天王之異稱，又爲色界諸天之總稱。

諸天童子，

諸天，欲界有六天，名六欲天。色界有四禪十八天，無色界有四處四天。其他如日天、月天、韋馱天等諸種之天神，即諸天部也。○童子，梵語鳩摩羅迦，八歲以上未冠者之總稱也。○《寄歸傳》三：「凡諸白衣，詣苾芻所，若專誦佛典，情希落髮，畢願緇衣，號爲童子。」○《釋氏要覽》上：「經中呼文殊、善財、寶積、月光等諸大菩薩爲童子者，即非稚齒。如《智論》云：『如文殊師利十力、四無畏等悉具佛事，故往鳩摩羅迦地。』又云：『若菩薩從初發心斷婬欲，乃至菩薩，是名童子。』」

自然在中。

自然即天然，離去人爲之造作而以法之自性也。又謂無因而自然也。○《無量壽經》下：「天道自然。」又：「無爲自然。」○《法華玄義》二之一：「果是任運酬善心而生，報是自然受樂。」○《法華玄義釋籤》：「言自然者，此言通用，何必外計，即任運之異名耳。」

一一童子，五百億釋迦毘楞伽摩尼，

《觀經妙宗鈔》二：「釋迦毘楞伽，此云能勝。摩尼，正云末尼，此翻離垢。」○按：摩尼爲寶珠之名。釋迦毘楞伽摩尼者，能勝世間一切珍寶之寶珠也。

以爲瓔珞。其摩尼光照百由旬，猶如和合百億日月，不可具名。

具，備也。名，稱號也。所以區别事物，而確定其分際義類也。○不可具名者，猶言不可一一稱述其名也。

衆寶間錯，色中上者。

色中上者，即色中上色。○《觀普賢菩薩行法經》：「色中上色。」○《行事鈔資持記》下一之一：「言上色者，總五方正間。青、黄、赤、白、黑，五方正色也。緋、紅、紫、緑、磂黄，五方間色也。」

此諸寶樹，行行相當，

行音杭，列也。行行相當者，每行排列有次第也。○當，猶對也。

葉葉相次。

葉葉相次者，猶言每葉與每葉之距離，有一定之次第而不紊亂也。○後漢宋子侯《董嬌饒》：「花花自相對，葉葉自相當。」

於衆葉間，生諸妙華，華上自然有七寶果。

果，木實也。凡植物所結實皆曰果，俗作菓。

一一樹葉，縱廣正等二十五由旬。

縱，豎也。廣，闊也。正，適當也。等，同也。

其葉千色，有百種畫，如天瓔珞。有衆妙華，作閻浮檀金色，

閻浮檀金，金之名也。其色黄赤而帶紫焰氣。○閻浮，樹名。檀，又譯那提，河也。閻浮樹之下有河，名閻浮檀。自此河中出黄金色，名閻浮檀金，即閻浮河金也。○《智度論》三十五：「此洲上有樹林，林中有河，底有金沙，名爲閻浮檀金。」○玄應《音義》二十一：「贍部捺陀金，或作剡浮那他金，舊云閻浮檀金，名一也。那他，此言江，亦云海也。」○《大日經疏》五：「鬱金即是閻浮檀金色。」

如旋火輪，

旋轉火爲輪形也。輪形似有而實非，以喻一切事法之假相。〇《楞嚴經》：「生死死生，生生死死，如旋火輪，未有休息。」已見前註。〇《止觀》六：「爲此見故，造衆結業，墮墜三途，沈迴無已。如旋火輪，若欲息之，應當止手。」〇《智度論》六：「如旋火輪，但惑人目。」

宛轉葉間，

宛轉，委曲隨和之義也。〇《晉書》：「宛轉萬物之形表。」〇《莊子》：「椎拍輐斷，與物宛轉。」

涌生諸果。

涌，騰也，或作湧。

如帝釋缾，

缾，音並，同「瓶」。帝釋缾，帝釋天之寶瓶也。所須萬物，自然涌出。又名德瓶、賢瓶、吉祥瓶。〇《智度論》十三：「有人常供養天，其人貧窮，一心供養，滿十二歲，求索富貴。天愍此人，自現其身，而問之曰：『汝求何等？』答言：『我求富貴，欲令心之所願一切得。』天與一器名曰德瓶，而語之言：『所須之物，從此瓶出。』其人得已，應意所欲，無所不得。」

有大光明，

大，自體寬廣之義，周遍包含之義。又，多之義，勝之義，妙之義，不可思議之義。〇《俱舍論》一：「體寬廣故。」〇《起信論義記》上本：「包含爲義。」〇《法華玄義》二：「大，義有三：大、多、勝。」〇《玄義》十：「即妙是大，即大是妙也。」〇《止觀》三：「《大經》云：『大名不可思議也。』」〇長水《楞嚴義疏》三下：「周遍含攝，體無不在，物無不具。非因待小，當體受稱，故名爲大。」

化成幢旛無量寶蓋。

化者，以神通力變成種種之相也。〇《大乘義章》十五：「無而忽起，名之爲化。」〇旛音翻，又多作幡。於竿柱高頭安置寶珠，以種種之綵帛莊嚴者，曰幢。長帛下垂者，曰旛。又自幢竿垂旛，名曰幢旛。〇《瑜祇經拾古鈔》上：「幡者懸於龍頭之幢也。旗竿頭安寶珠云幢旗，幡竿頭置龍頭云金剛幡也。」〇寶蓋，以寶玉飾天蓋，懸於佛菩薩及講師讀師高座之上者也。〇《維摩經・佛國品》：「毘耶離城有長者子，名曰寶積，與五百長者子，持七寶蓋，來詣佛所。」

是寶蓋中，映現三千大千世界

三千大千世界，以須彌山爲中心，其四周以鐵圍山爲限，名一世界。以此世界之數千倍之，謂之小千世界；以小千世界千倍之，謂之中千世界；以中千世界千倍之，謂之大千世界。以三次言千，故云三千。

一切佛事。

凡指諸佛之教化曰佛事。〇《維摩經・入不二法門品》：「於娑婆世界，施作佛事。」什註曰：『佛事謂化衆生。』〇《維摩經・菩薩品》：「諸佛威儀進止，諸所施爲，無非佛事。」肇註曰：『佛事者，以有益爲事耳』。」〇《放光般若經・不和合品》：「若有是善男子、善女人，書持諷誦般若波羅蜜者，（般若波羅蜜，爲六波羅蜜之一，見後諸波羅蜜註。）便具足五波羅蜜，（五波羅蜜，見後諸波羅蜜註。）及薩云若已，（薩云若已，一作薩婆若，此云一切種智，即諸佛究竟圓滿果位之智也。）當知是爲佛事。」

十方佛國，

佛國，佛所住之國土。又佛所化之國土也。○《大乘義章》十九：「言佛國者，攝人之所，目之爲國。約佛辨國，故名佛國。」

亦於中現。見此樹已，亦當次第一一觀之。

次第，次序也。由一而二而三而四，不紊亂也。

觀見樹莖、枝葉、華果，

莖，植物體之中軸也，亦曰榦。枝，柯也，植物於本體外別生之條也。

皆令分明。是爲樹想，名第四觀。

次當想水。

水爲輕氣養氣化合之液體，無色無臭之物也。在攝氏寒暑表百度則沸，冷至零度，則結爲冰。

欲想水者，極樂國土，有八池水。

八池水，即八功德池水也。八功德池，爲極樂之浴池。其水湛然盈滿，清淨香潔，味如甘露。○《無量壽經》上：「內外左右有諸浴池，八功德水湛然盈滿。」○《稱讚淨土經》：「何等名爲八功德水？一者澄淨，二者清冷，三者甘美，四者輕軟，五者潤澤，六者安和，七者飲時除飢渴等無量過患，八者飲已定能長養諸根、四大增益。」

一一池水，七寶所成。其寶柔輭，從如意珠王生，

如意珠王，爲如意珠中之最勝者。○《智度論》十：「如意珠生自佛舍利，若法没盡時，諸舍利皆變爲如意珠，譬如過千歲冰化爲頗梨珠。」○《雜寶藏經》六：「佛言：『此珠摩竭大魚腦中出，魚身長二十八萬里，此珠名曰金剛堅也。』」○《往生論註》下：「諸佛入涅槃時，以方便力留碎身舍利，以福衆生，衆生福盡，此舍利變爲摩尼如意寶珠。」

分爲十四支。

凡一源而歧出者皆曰支。

一一支，作七寶妙色。

妙色，佛報身報土之色相不可思議者。○《名義集》三：「經云：『妙色湛然常安住，不爲生老病死遷。』」○梁簡文帝《菩提樹頌》：「儼然妙色，蔭此曲枝。」

黄金爲渠，

渠，水所居也。如溝渠、河渠。

渠下皆以雜色金剛

雜本作雜。雜色，謂五彩相合也。○梁簡文帝詩：「雜色崑崙水。」○江淹賦：「望浮雲之雜色。」○金剛注見前。

以爲底沙。

沙，水散石也，謂石之細碎者。底沙，渠底之沙泥也，即以雜色金剛爲渠底沙泥也。

一一水中，有六十億七寶蓮華。一一蓮華，團圓正等十二由旬。

團，圓形也。○圓者，自中心至外邊，其邊點無論何點，其距離皆同者是。

其摩尼水，

玄應《音義》一：「摩尼，珠之總名也。」○《涅槃經》九：「摩尼珠，投之濁水，水即爲清。」

流注華間，

《易》：「水流而不盈。」疏：「水雖流注，不能盈滿。」○李邕《嵩岳寺碑》：「身田底平，福河流注。」○《雲笈七籤》：「氣之與水，循環天地，流注人身。」

尋樹上下。

《義疏》：「尋，猶循也。樹，即莖也。言水循華莖上入華中，旋轉發聲。」

其聲微妙，

聲，耳官之所感覺者也。凡物體顫動，與空氣相激盪，皆能成聲。○微妙，謂其聲精妙入微而軼乎尋常也。

演説苦、空、無常、無我諸波羅蜜。

諸波羅蜜者，布施、持戒等之六波羅蜜、十波羅蜜也。○六波羅蜜：一、檀波羅蜜，檀爲檀那之略，譯爲布施。財施、無畏施、法施之大行也。二、尸羅波羅蜜，尸羅譯爲戒。在家、出家、小乘、大乘等之一切戒行也。三、羼提波羅蜜，羼提譯爲忍辱。忍受一切有情之辱罵擊打，及非情之寒熱飢渴等之大行也。四、毘梨耶波羅蜜，毘梨耶譯爲精進。精勵身心，進修前後之五波羅蜜也。五、禪波羅蜜，禪爲禪那之畧，譯爲思惟修，新名静慮。又名三昧，又譯爲定，思惟真理，定止散亂之心之要法也。有四禪八定乃至百八三昧等之别。六、般若波羅蜜，般若譯爲智慧。通達諸法之智及斷惑證理之慧也。菩薩修此六法，自利利他，究竟大行，到涅槃彼岸，稱六波羅蜜。○十波羅蜜，《唯識論》立十波羅蜜稱十勝行，爲菩薩十地之行法。一、施波羅蜜。二、戒波羅蜜。三、忍波羅蜜。四、精進波羅蜜。五、静慮波羅蜜。六、般若波羅蜜。七、方便善巧波羅蜜。八、願波羅蜜，有求菩薩願、利樂他願兩種。九、力波羅蜜，有修習力、思擇力兩種。十、智波羅蜜，有受用法樂智、成熟有情智兩種。此六波羅蜜之第六，開後之四波羅蜜。見《唯識論》九。○《大乘義章》十二：「波羅蜜者，是外國語。此翻爲度，亦名到彼岸。波羅者岸，蜜者名到。」

復有讚歎諸佛相好者。

《行事鈔》下三：「美其功德爲讚，讚文不足，又稱揚之爲歎。」○相好，就佛之身體，了别其微妙之相狀，名相。更細相之受樂者，名好。○佛之丈六化身，有三十二相、八十好。於報身有八萬四千乃至無量之相與好。○《法界次第》下：「相好乃同，是色法皆爲莊嚴，顯發佛身。但相總而好别，相若無好則不圓滿。輪王釋梵亦有相，以無好故，相不微妙，故次相而辨好也。」○《輔行》六：「相大莊嚴身，好小莊嚴身。」○《大乘義章》二十末：「福狀外彰，名之爲相。又表内德，亦名爲相。姿媚可愛，愜悦人情，説之爲好。」○本經下：「心想佛時，是心即是三十二相、八十隨形好。」又，「無量壽佛有八萬四千相，相各有八萬四千隨形好。」

如意珠王，涌出金色微妙光明。其光化爲百寶色鳥，和鳴哀雅，

和，聲相應也。○鳴，鳥發聲也。○《左傳》：「鳳凰於飛，和鳴鏘鏘。」○嵇康詩：「噰噰和鳴。」○哀雅，物之音哀而又雅致者。

常讚念佛念法念僧。

以偈頌讚歎佛德者曰讚。○《寺塔記》：「明讚未畢，滿地現舍利。」○念佛念法念僧者，憶念佛法僧三寶之恩德也。○《阿彌陀經》：「譬如百千種樂同時俱作，聞是音者，自然皆生念佛念法念僧之心。」

是爲八功德水想，名第五觀。

衆寶國土，一一界上，有五百億寶樓。

寶樓，或作寶樓閣。

其樓閣中，有無量諸天，作天妓樂。

天者，最勝之義。又一切好妙之物之名也，如人中好華，名天華之類。○《婆沙論》百七十二：「於諸趣中，彼趣最勝最樂最善，最善最妙高，故名爲天。」○《智度論》：「天竺國法，名諸好物皆爲天物。」○妓樂，雅樂之一種。○《妙法蓮華經考異》上：「妓，行本作『技』，藥本、宋藏本、明藏本，並作『伎』。慈音云：『技，藝也。伎，立也。』《弘決》云：『伎字應從女，謂女藝也。』」○《探玄記》十二：「妓樂等，治憂惱障。」○《法華經·序品》：「香華妓樂，常以供養。」

又有樂器懸處虛空，如天寶幢，

寶幢，以寶珠莊嚴之幢竿也。○《大日經疏》五：「上置如意珠，故曰寶幢。」

不鼓自鳴。

《彌勒上生經》上：「兜率天宫有五大神，第一大師名寶幢，身雨七寶，散宫牆内，一一寶珠化成樂器，懸處虛空，不鼓自鳴。」

此衆音中，皆説念佛念法念比丘僧。

僧，僧伽之略。華言曰衆和合。或本經文，有竟作衆者。凡比丘三人，皆得稱僧。○《智度論》三：「僧伽，秦言衆。多比丘一處和合，是名僧伽。」

此想成已，名爲麤見極樂世界寶樹、寶地、寶池。

寶池，浄土之八功德池也。

是爲總觀想，名第六觀。若見此者，除無量億劫極重惡業，

乖理而行曰惡，造作身口意之三事曰業。○四十《華嚴經》四十：「我昔所造諸惡業，皆由無始貪瞋癡。」

命終之後，

命，生命也，壽也。○《唯識述記》二本：「命謂色心不斷，是命之根也。」○命終者，心臟不跳動，肺臟不呼吸，血液不循環也。○《禮》：「君子曰終，小人曰死。」

必生彼國。作是觀者，名爲正觀。若他觀者，名爲邪觀。」

佛告阿難及韋提希：「諦聽諦聽，善思念之，吾當爲汝分別解説除苦惱法。

除，去也。○《書》：「除惡務盡。」○苦惱，生死海之法。凡能苦惱者，無一安穩之自性。○《無量壽經》下：「貪恚愚癡苦惱之患。」○《唯識述記》二末：「法者，通理義也。有般涅槃之義，名般涅槃法。」

汝等憶持，

記憶受持而不忘失也。

廣爲大衆分別解説。」

《智度論》：「大衆者，除佛餘一切衆生。」○《法華經·序品》：「世尊在大衆，敷演深法義。」○《法華義疏》二：「四人以上乃至萬二千人以還，悉名爲衆。」

説是語時，無量壽佛住立空中，

無量壽佛註見前。○住，止也。立，直其身而不動也。空中，謂無物之所也。○《法華經》：「爾時佛前有七寶塔湧出，住在空中。」○《三昧經》：「菩薩擲鉢於空中。」○《高僧傳》：「忽聞空中飛錫聲。」○《列子》：「夫天地，空中之一細物。」

觀世音、

舊譯光世音，省文作觀音。顯教以觀音爲阿彌陀之弟子，密教以觀音爲阿彌陀之化身。○《觀音三昧經》：「觀音在我前成佛，名正法明如來。我爲苦行弟子。」（我，即釋迦如來也。）○《悲華經》：「過去散提嵐界，善持刼中，時有佛名曰寶藏。有轉輪王，名無量淨。第一太子，三月供佛齋僧，發菩提心：『若有衆生，受三途等苦惱，凡能念我稱我名字，爲我天眼天耳聞見，不免苦者，我終不成菩提。』寶藏佛云：『汝觀一切衆生欲斷衆苦，故今字汝爲觀世音。』」

大勢至，

菩薩之大智至一切處，故曰大勢至。○存覺之《報恩記》：「勢至顯事父母之恩厚，寶瓶之中，納前生父母之遺骨。」○《法華義疏》云：「大勢至者，所經之處，世界振動，惡道休息也。」

是二大士，

大士，爲菩薩之通稱。又，士，事也。爲自利利他之大事者，名大士。○《法華文句記》二：「大士者，《大論》稱菩薩爲大士，亦曰開士。士謂士夫，凡人之通稱，以大開簡別，故曰大士。」○《四教儀集解》上：「大士者，大，非小也。士，事也。運心廣大，能建佛事，故云大士。」

侍立左右。

凡卑幼陪從尊長曰侍。○觀音與大勢至，在阿彌陀佛之左右，共贊教化，故又稱爲彌陀之二脇士。

光明熾盛，不可具見。百千閻浮檀金色，不得爲比。時韋提希見無量壽佛已，接足作禮。

以兩手接釋迦佛之足而爲禮也。仰兩手，捧足如接。

白佛言：「世尊，我今因佛力故，得見無量壽佛及二菩薩。

觀世音與大勢至二菩薩也。

未來衆生當云何觀無量壽佛及二菩薩？」佛告韋提希：「欲觀彼佛者，當起想念，於七寶地上作蓮華想。令其蓮華，一一葉上，作百寶色。有八萬四千脈，

脈，凡物相屬而有條理者之謂也。

猶如天畫。

《觀經義疏》：「其文工巧，故如天畫。又天上之妙畫，爲人間所無者。」

脈有八萬四千光，了了分明，皆令得見。華葉小者，縱廣二百五十由旬。如是蓮華，具有八萬四千葉。一一葉間，有百億摩尼珠王以爲映飾。一一摩尼珠，放千光明。其光如蓋，

蓋，佛之供具也，用以防塵埃者。○《增一阿含經》：「是時梵天王在如來右，釋提桓因在如來左，手執拂。密迹金剛力士，在如來後，手執金剛杵。毘沙門天王，手執七寶之蓋，處虚空中，在如來上，恐有塵土坌如來身。」

七寶合成，徧覆地上。釋迦毘楞伽寶，以爲其臺。此蓮華臺，八萬金剛甄叔迦寶、

《玄應音義》六：「甄叔迦寶，譯云赤色寶。」○按：《西域傳》云：「有甄叔迦樹，其花赤色，形大如手。此寶色似此花，因以名焉。」○《上生經疏》下：「甄叔迦寶，狀如延珪，似赤瑠璃。」

梵摩尼寶、

梵摩尼，寶珠之名，譯爲浄珠。○《彌勒上生經疏》下：「梵摩尼者，謂浄摩尼也，或大梵王如意珠也。」○《名義集》三：「摩尼，應法師云：『正云末尼，即珠之總名也。此云離垢。或加梵字，顯其浄也。』」

妙真珠網，以爲校飾。於其臺上，自然而有四柱寶幢。一一寶幢，如百千萬億須彌山。幢上寶幔，

幔，幕也。○《拾遺記》：「周穆王有鸞章錦幔。」

如夜摩天宫。

夜摩天爲欲界六天中第三天之名。○《智度論》九：「夜摩名善分天。」○《探玄記》六：「夜摩者，若具云蘇夜摩。蘇者此云善也，夜摩者此云時也。」○《佛地論》五：「夜摩天者，謂此天中隨時受樂，故名時分。」○《俱舍光記》八：「夜摩天，此云時分，謂彼天處時時多分稱快樂。」

復有五百億微妙寶珠，以爲映飾。一一寶珠，有八萬四千光。一一光，作八萬四千異種金色。一一金色，徧其寶土，處處變化，

《法華經》：「神通變化，不可思議。」○《義林章》七本：「轉換舊形名變，無而忽有名化。變與化異，是相違釋。」

各作異相。

異相者，染真如平等之理，隨浄緣而顯現一切差別相之見解也。○《起信論》：「言異相者，如種種瓦器各各不同，此亦如是，無漏無明種種幻用相差別故。」

或爲金剛臺，

以金剛造成之臺名金剛臺。

或作真珠網，或作雜華雲，

現種種雜色之妙華而爲雲者名雜雲華。

於十方面，隨意變現，施作佛事。

施，離貪慳而施與他之義。〇《唯識論》九：「施以無貪及彼所起三業爲性。」〇又，施有三種，謂財施、無畏施、法施。

是爲華座想，

華座想即華座觀也。此觀法非眼識所對之境，唯心上想像者。

名第七觀。」佛告阿難：「如此妙華，

妙華，註見前。

是本法藏比丘願力所成。

法藏比丘者，阿彌陀佛之因位，在世自在王佛處出家修行時之名也。〇《無量壽經》曰法藏，曰作法。《平等覺經》曰曇摩迦留，譯爲法寶藏。《大阿彌陀經》曰曇摩迦。如來法會名法處。〇嘉祥《大經疏》：「能蘊畜佛法，故曰法藏。」〇願力，誓願之力也。〇《智度論》七：「莊嚴佛界事大，獨行功德不能成，故要須願力。」〇阿彌陀如來爲法藏比丘時，在世自在王佛處，曾發四十八願，詳《無量壽經》。

若欲念彼佛者，當先作此華座想。作此想時，不得雜觀，皆應一一觀之。一一葉、一一珠、一一光、一一臺、一一幢，皆令分明，如於鏡中，自見面像。此想成者，滅除五萬億劫生死之罪，

《大智度論》十六：「菩薩得天眼觀衆生輪轉五道，迴旋其中。天中死，人中生；人中死，天中生；天中死，生地獄中；地獄中死，生天上；天上死，生餓鬼中；餓鬼中死，還生天上；天上死，生畜生中；畜生中死，生天上；天上死，還生天上。地獄、餓鬼、畜生亦如是。欲界中死，色界中生；色界中死，欲界中生；欲界中死，無色界中生；無色界中死，欲界中生；欲界中死，欲界中生。色界、無色界，亦如是。活地獄中死，黑繩地獄中生；黑繩地獄中死，活地獄中生；活地獄中死，還生活地獄中；合會地獄，乃至阿鼻地獄亦如是。炭坑地獄中死，沸屎地獄中生；沸屎地獄中死，炭坑地獄中生；炭坑地獄中死，還生炭坑地獄中；燒林地獄，乃至摩訶波頭摩地獄亦如是，展轉生其中。卵生中死，胎生中生；胎生中死，卵生中生；卵生中死，還生卵生中。胎生、溼生、化生亦如是。閻浮提中死，弗婆提中生；弗婆提中死，閻浮提中生；閻浮提中死，還生閻浮提中。瞿陀尼、鬱怛羅越亦如是。四天處死，忉利天中生；忉利天中死，四天處生；四天處死，還生四天處。忉利天乃至他利自在天亦如是。梵衆天中死，梵輔天中生；梵輔天中死，梵衆天中生；梵衆天中死，還生梵衆天中。梵輔天、少光、無量光、光音、少浄、無量浄、徧浄、阿那跋羅伽、得生、大果、虛空處、識處、無所有處、非有想、非無想處亦如是。非有想非無想天中死，阿鼻地獄中生。如是展轉生五道中。」

必定當生極樂世界。作是觀者，名爲正觀。若他觀者，名爲邪觀。」

佛告阿難及韋提希：「見此事已，次當想佛。所以者何？諸佛如來，

諸佛如來，諸方佛如來也。佛，如來，爲十號中之二號。（十號者：一、如來。二、應供。三、正徧知。四、明行足。五、善逝。六、世間解。七、無上士。八、調御丈夫。九、天人師。十、佛世尊。）

是法界身，

法界身，佛三身中之法身也。即佛之法身，而感應周遍法界之衆生爲佛身也。○《探玄記》二：「現一身即一切身，名法界身。」○《觀經定善義》：「言法界者，是所化境，即衆生界也。言身者，是能化之身，即諸佛身也。」

入一切衆生心想中。

心想，意識心王之思想也。

是故汝等心想佛時，是心即是三十二相，

《法界次第》下之下：「此三十二相通云相者，相名有所表發，攬而可別，名之爲相。如來應化之體，現此三十二相以表法身，衆德圓極，使見者愛敬，知有勝德可崇。人天中尊，衆聖之王，故現三十二相也。」○三十二相者，《法界次第》下之下：「一、足下安平如奩底。二、足下千輻輪相。三、手足指長勝餘人。四、手足柔軟勝餘身分。五、手足指合縵網勝餘人。六、足跟具足滿好。七、足趺高好根相稱。八、如伊尼延鹿王腨纖好。九、立手摩膝。十、陰藏相如馬王。十一、身縱廣等。十二、一一毛孔生青色柔軟。十

三、毛上向，青色柔軟右旋。十四、金色光，其相微妙。十五、身光面各一丈。十六、皮膚薄細，滑不受塵水，不停蚊蚋。十七、足下兩手兩肩項中七處滿。十八、兩腋下滿。十九、身上如師子。二十、身端直。二十一、肩圓好。二十二、四十齒具足。二十三、齒白淨齊密而根深。二十四、四牙最白而大。二十五、頰車如師子。二十六、咽中津液得味中上味。二十七、舌大薄，覆面至髮際。二十八、梵音深遠，如伽陵頻伽聲。二十九、眼色如金精。三十、眼睫如牛王。三十一、眉間白毫相，如兜羅綿。三十二、頂肉髻成。」

八十隨形好。

更細別三十二之相而爲八十種之好。又爲隨三十二形相之好，故名隨形好。○八十隨形好，《法界次第》下之下：「一、無見頂相。二、鼻高好，孔不現。三、眉如初月，紺瑠璃色。四、耳輪輻相埵成。五、身堅實如那羅延。六、骨際如鉤鎖。七、身一時迴如象王。八、行時足去地四寸，而印文現。九、爪如赤銅色，薄而細澤。十、膝骨堅著圓好。十一、身清潔。十二、身柔軟。十三、身不曲。十四、指長纖圓。十五、指文藏覆。十六、脈深不現。十七、踝不現。十八、身潤澤。十九、身自持，不逶迤。二十、身滿足。二十一、容儀備足。二十二、容儀滿足。二十三、住處安，無能動者。二十四、威振一切。二十五、一切樂觀。二十六、面不長大。二十七、正容貌，不撓色。二十八、面具滿足。二十九、脣如頻婆果色。三十、言音深遠。三十一、臍深圓好。三十二、毛右旋。三十三、手足滿。三十四、手足如意。三十五、手文明直。三十六、手文長。三十七、手文不斷。三十八、一切惡心衆生見者和悅。三十九、面廣姝好。四十、面淨滿如月。四十一、隨衆生意生和悅與語。四十二、毛孔出香氣。四十三、口出無上香。四十

四、儀容如師子。四十五、進止如象王。四十六、行法如鵝王。四十七、頭如摩陀那果。四十八、一切聲分具足。四十九、四牙白利。五十、舌色赤。五十一、舌薄。五十二、毛紅色。五十三、毛軟淨。五十四、廣長眼。五十五、孔門相具。五十六、手足赤白如蓮華色。五十七、臍不出。五十八、腹不現。五十九、細腹。六十、身不傾動。六十一、身持重。六十二、其身大。六十三、身長。六十四、手足軟淨滑澤。六十五、四邊光各一丈長。六十六、光照身而行。六十七、等視衆生。六十八、不輕衆生。六十九、隨衆生音聲不增不減。七十、説法不着。七十一、隨衆生語言而説法。七十二、發音報衆聲。七十三、次第有因緣説法。七十四、一切衆生不能盡觀相。七十五、觀無厭足。七十六、髮長好。七十七、髮不亂。七十八、髮旋好。七十九、髮色青珠。八十、手足有德相。」

是心作佛，是心是佛。

《起信論義記》下本：「衆生真心與諸佛體(息之本性即佛體)，平等無二。又，衆生真心，即諸佛體，更無差別。故《華嚴經》云：『若人欲求知三世一切佛，應當如是觀，心造諸如來。』又曰：『衆生心佛，還是教化衆生。』」〇《華嚴經》五十二：「應知念念常有佛成正覺，何以故？諸佛如來，不離此心，成正覺故。」〇《六祖壇經》：「佛向性中作，莫向身外求。自性迷即是衆生，自性覺即是佛。慈悲即是觀音，喜捨名爲勢至，能淨即釋迦，平直即彌陀。」〇唐釋希運《傳心法要》：「問：『何者是佛？』師云：『汝心是佛，佛即是心，心佛不異，故云即心即佛。若離於心，別更無佛。』」〇《觀經約論》：「知是心作佛，不知是心是佛，則昧本妙而滯功勳。知是心是佛，不知是心作佛，則任天真而廢修證。離此二邊，一念圓融，方名中道。」

諸佛正徧知海，

《往生論註》上：「正徧知者，真正如法界而知也。法界無相，故諸佛無知也。以無知故，無不知也。無知而知者，是正徧知也。是知深廣不可測量，故譬海也。」〇釋智禮述《觀經玄中鈔》上：「三智融妙，名正徧知。無量甚深，故喻如海。」

從心想生。是故應當一心繫念，諦觀彼佛多陀阿伽度、阿羅訶、三藐三佛陀。

多陀阿伽度，譯爲如來。阿羅訶，譯爲應供。三藐三佛陀，譯爲正徧知。如來十號中之三號也。（十號註見前）

想彼佛者，先當想像。閉目開目，見一寶像，

寶像，以珍寶造成之佛像也。〇《法華經・方便品》：「寶像及畫像。」

如閻浮檀金色，坐彼華上。見像坐已，心眼得開，了了分明。見極樂國七寶莊嚴，寶地寶池，寶樹行列，諸天寶幔彌覆其上，衆寶羅網滿虛空中。

《長阿含經》十八：「其檻楯上有寶羅網。其金羅網下懸銀鈴，其銀羅網下懸金鈴，琉璃羅網懸水精鈴，水精羅網懸琉璃鈴，赤珠羅網懸馬瑙鈴，馬瑙羅網懸赤珠鈴，車磲羅網懸衆寶鈴。」

見如此事，極令明了，如觀掌中。

掌，手心也。

見此事已，復當更作一大蓮華，在佛左邊。如前蓮華，等無有異。

等無有異者，與前同式而不稍異也。

復作一大蓮華，在佛右邊。想一觀世音菩薩像坐左華座，亦作金色，如前無異。想一大勢至菩薩像，坐右華座。此想成時，佛菩薩像皆放光明。其光金色，照諸寶樹。一一樹下，亦有三蓮華。諸蓮華上，各有一佛二菩薩像，徧滿彼國。此想成時，行者當聞水流光明，及諸寶樹，鳧、

鳧音扶，水鳥也。狀如鴨而小，俗亦謂之野鴨，常棲息湖澤中。雄者毛羽甚麗，頸緑色，翼長，能飛翔空中，爲十字形排列。體肥多脂，肉供食品，味甚美。

鴈、

水鳥名，狀似鵝。嘴長微黄，背褐色，翼帶青灰色，胸部有黑斑。鳴聲嘹亮，飛時自成行列。秋來春去，故謂之候鳥。鴈與雁通，古以爲二鳥，今無別。

鴛鴦，

鳥名，體小於鴨，嘴扁平而短，趾有蹼。雄者羽毛美麗，頭有紫黑色羽冠，翼之上部黄褐色。雌者全體蒼褐色，胸腹灰白，棲息於池沼之上。雄曰鴛，雌曰鴦。

皆説妙法。

第一最勝之法不可思議者名妙法。○《法華玄義序》：「妙者褒美不可思議之法也。」○《維摩經·佛國品》：「以斯妙法濟羣生。」

出定，

出禪定也。

入定，

入禪定也。心定於一處，止息身口意之三業者，名入定。

恒聞妙法。行者所聞，出定之時，憶持不捨，令與修多羅合。

《華嚴探玄記》一：「修多羅或云修妬路，或云素怛羅。此云契經，契有二義，謂契理合機故；經亦二義，謂貫穿法相故，攝持所化故。」〇《義林章》三本：「《雜心論》云：『經有五義，謂出生、涌泉、顯示、繩墨、結鬘五義。』今大乘解，梵言素呾纜，此名契經。」〇釋元照述《觀經義疏》下：「謂所聞之法，不乖教典，故云合也。」

若不合者，名爲妄想。

不當於實者曰妄想。〇《註維摩》三：「生曰：『妄想，妄分別之想也。』」〇《大乘義章》三本：「凡夫迷實之心，起諸法相，執相施名，依名取相，所取不實，故名妄想。」又五末：「謬執不真名之爲妄，妄心相取目之爲想。」〇《楞伽經》四：「妄想自纏，如蠶作繭。」〇《菩提心論》：「夫迷途之法，從妄想生，乃至展轉成無量無邊煩惱。」

若與合者，名爲麤想見極樂世界。是爲像想，名第八觀。作是觀者，除無量億劫生死之罪，於現身中

現身，現生之身也。

得念佛三昧。」

念佛三昧者，一心觀佛之相好，或一心觀法身之實相，或一心稱佛名，修行法之謂也。○《念佛三昧經》七：「念佛三昧，則爲總攝一切諸法，是故非聲聞、緣覺二乘境界。」○《智度論》七：「念佛三昧，能除種種煩惱及先世罪。」

佛告阿難及韋提希：「此想成已，次當更觀無量壽佛身相光明。

身相，身之相貌也。○《圓覺經》：「妄認四大爲自身相。」

阿難，當知無量壽佛身如百千萬億夜摩天閻浮檀金色。佛身

證得無上正覺佛陀之身體，名爲佛身。中有法身、化身之別，總名佛身。

高六十萬億那由他

那由他，數目名，當此方之億，億有十萬、百萬、千萬三等。○《本行經》十二：「那由他，隨言數千萬。」○玄應《音義》三：「那術，經文作述，同食事反，或言那由他，正言那庾多，當中國十萬也。」

恒河沙由旬。

恒河沙，略稱恒沙。恒河沙者，極言其數之多也。○《智度論》七：「問曰：『如閻浮提中種種大河，亦有過恒河者，何故常言恒河沙等？』答曰：『恒河沙多，餘河不爾。復次，是恒河是佛生處，遊行處，弟子現見，故以爲喻。復次，諸人經書皆以恒河爲福德吉河，若入中洗者，諸罪垢惡，皆悉除盡。以人敬事此河，皆共識知，故以恒河沙爲喻。復次，餘河名字屢轉，此恒河世世不轉。以是故、以恒河沙爲喻、不取

餘河。』」○由旬，註見前。

眉間白毫，

毫，長鋭毛也。眉間白毫，爲佛三十二相中之第三十一相，謂佛之眉間有毛，内外映徹。如白瑠璃，右旋宛轉也。

右旋宛轉，如五須彌山。佛眼

佛眼爲五眼之一。（五眼：一、肉眼，二、天眼，三、慧眼，四、法眼，五、佛眼。）佛名覺者，覺者之眼曰佛眼。又爲照了諸法實相之眼也。○《無量壽經》：「佛眼具足，覺了法性。」○《法華文句》四：「佛眼圓通，本勝兼劣。四眼入佛眼，皆名佛眼。」

如四大海水，

四大海，在須彌山四方之大海也。須彌山在四大海之中央，四大海之中各有一大洲，四大海之外圍繞鐵圍山。

青白分明。身諸毛孔，

毛孔，身上之毛穴也。○《華嚴經》一：「得於一毛孔，現不思議佛刹無障礙解脱門。」○《法華經·如來神力品》：「一切毛孔，放無量無數色光。」

演出光明，如須彌山。彼佛圓光，

圓光，自佛菩薩頂上，放出圓輪之光明也。

如百億三千大千世界。於圓光中有百萬億那由他恒河沙化佛，

化佛者，佛菩薩等以神通力化作佛形也。○《法華經·普門品》：「若有國土衆生，應以佛身得度者，觀世音菩薩，即現佛身而爲説法。」

一一化佛，亦有衆多無數化菩薩以爲侍者。

化菩薩者，佛菩薩以神通力，變化爲菩薩身也。○侍者，侍候於長者左右而任其使命者之稱也。○《菩薩從兜率天下生經》：「侍者具八法：一、根信堅固。二、其心覓進。三、身無病。四、精進。五、具念心。六、心不憍慢。七、能成定意。八、具足聞智。」

無量壽佛有八萬四千相，一一相中，各有八萬四千隨形好。

劣應身（即化身佛），有三十二相八十種好。勝應身，有八萬四千之相與好。

一一好中，復有八萬四千光明。

無量壽佛之一一相好，各有八萬四千光明。

一一光明，徧照十方世界

東西南北四維上下之十方有情世界。無量無邊，此名十方世界。

念佛衆生，

念佛有三種：一、稱名念佛，即口宣佛號也。二、觀想念佛，静坐而觀念佛之相好功德也。三、實相念佛，觀佛之法身非有非空中道實相之理也。○《楞嚴經》五：「我本因地以念佛心入無生忍。」○《起信

論》：「以專意念佛因緣，隨願配分他方佛土。」〇《往生要集》中本：「往生之業，念佛爲本。」

攝取不捨。

佛以慈悲光明攝救苦衆生，名曰攝取。

其光相好，

光，八萬四千光明也。相，八萬四千相也。好，八萬四千隨形好也。

及與化佛，不可具説。但當憶想，令心眼見。見此事者，即見十方一切諸佛。以見諸佛故，名念佛三昧。作是觀者，名觀一切佛身。以觀佛身故，亦見佛心。

佛心，如來之心也，覺悟之心也。

佛心者，大慈悲是。

大慈悲者，大慈大悲也。見前「慈悲」註。

以無緣慈，

《智度論》云：「慈有三種：一衆生緣慈，無心攀緣一切衆生而於衆生自然現益。（緣一切衆生，如父母六親。）二法緣慈，無心觀法，而於諸法自然對治。（緣一切諸法，皆從因緣生。）三無緣慈，無心觀理，而於平等第一義中自然安住。（不住法相及衆生相。）」〇《觀經約論》：「唯無緣故，無所不周，亦無所不至。」

攝諸衆生。

攝，引持也。

作此觀者，捨身他世，生諸佛前，得無生忍。

無生忍，即無生法忍之略。註見前。

是故智者，

於事理而即能決斷之人名智者。○《大乘義章》九：「慧心安法，名之爲忍。於境決斷，説之爲智。」

應當繫心諦觀無量壽佛。觀無量壽佛者，從一相好入，但觀眉間白毫，極令明了。見眉間白毫相者，八萬四千相好，自然當現。見無量壽佛者，即見十方無量諸佛。得見無量諸佛故，諸佛現前授記。

現前授記，爲四種授記之末一種。見菩薩之根性熟，於一切大衆之現前，授成佛之記。○現前授記，菩薩有久集善根，無不具足。常修梵行，觀無我空，於一切法，得無生忍。佛知是人之功德智慧，悉已具足，則於一切大衆之前，現前記其成佛之名號國土也。

是爲偏觀一切色身相，名第九觀。作是觀者，名爲正觀。若他觀者，名爲邪觀。」

佛告阿難及韋提希：「見無量壽佛了了分明已，次亦應觀觀世音菩薩。

《千手千眼大悲心陀羅尼經》：「觀世音菩薩，不可思議威神之力，已於過去無量劫中，已作佛竟，號正法明如來。大悲願力，安樂衆生故，現作菩薩。」

此菩薩身長八十萬億那由他由旬，身紫金色。頂有肉髻，肉髻，梵名烏瑟膩沙。佛之頂上有一肉團，其狀如髻，故名肉髻。爲三十二相中之一。○《大般若》三百八十一：「世尊頂名烏瑟膩沙，高顯周圓，猶如天蓋，是三十二。」

項有圓光，面各百千由旬。其圓光中，有五百化佛，如釋迦牟尼。一一化佛，有五百化菩薩無量諸天以爲侍者。舉身光中，

身光，發自佛菩薩身上之光明也。

五道衆生，

一切有情往來之處，名道。道有五處：一、地獄道。二、餓鬼道。三、畜生道。四、人道。五、天道。

一切色相，

色身之相貌，現於外而可見者，名色相。○《華嚴經》一：「無邊色相，圓滿光明。」

皆於中現。頂上毘楞伽摩尼寶

毘楞伽摩尼寶，爲釋迦毘楞伽摩尼寶之省名。見前註。

以爲天冠。

天冠，殊妙之寶冠，爲人中所無者。

其天冠中，有一立化佛，高二十五由旬。觀世音菩薩，面如閻浮檀金色。眉間毫相，備七寶色，流出八萬四千種光明。一一光明，有無量無數百千化佛。一一化

佛，無數化菩薩以爲侍者，變現自在，滿十方世界。臂如紅蓮華色，

紅蓮華，赤色之蓮華也。千手觀音四十手中，持其左者，其手名爲紅蓮手。○《千手千眼觀世音菩薩大悲心陀羅尼》：「若爲求生諸天宮者，當於紅蓮華手。真言：『唵商揭㘑薩嚩賀』。」

有八十億微妙光明，以爲瓔珞。其瓔珞中，普現一切諸莊嚴事。手掌作五百億雜蓮華色。手十指端，

《攝無礙經》：「左手五指名胎藏界五指，右手五指名金剛界五指，十指即十度。或名十法界，或名十真如。」○《大日經》三：「左手是三昧義，右手是般若義，十指是十波羅蜜滿足義。亦是一切指五輪譬喻義。」

一一指端，有八萬四千畫，猶如印文。一一畫，有八萬四千色。一一色，有八萬四千光，其光柔軟，普照一切。以此寶手，

自手出財寶，名寶手。○《維摩經·佛道品》：「示人貧窮而有寶手，功德無量。」

接引衆生。

接取人而引導之，謂之接引。

舉足時，足下有千輻輪相，

千輻輪相，爲佛三十二相之第二相。佛之足下，有千輻輪之印紋，是爲駕御一切法王之相。

自然化成五百億光明臺。下足時，有金剛、摩尼、華，

金剛、摩尼、華三種也。

布散一切，莫不彌滿。其餘身相，衆好具足，如佛無異。唯頂上肉髻，及無見頂相，

無見頂相爲佛相中三十二相中之烏瑟膩沙相中之好者也。（大者爲相，小者爲好。）〇《觀經》天台疏：「肉髻是相，無見頂是好，此相好表於極果。今作因人，故不及佛。」

不及世尊。是爲觀觀世音菩薩真實色身相，

真實者，離法之迷情，絶虚妄也。〇《大乘義章》二：「法絶情妄爲真實。」〇《法華經・寶塔品》：「如所説者，皆是真實。」〇色身，三種身之一，由四大五塵等色法而成之身也。〇《楞嚴經》十：「由汝念慮，使汝色身。」〇事物之相狀表於外而想像於心者，名相。〇《大乘義章》三本：「諸法體狀，謂之爲相。」〇《唯識述記》一本：「相謂相狀。」〇《法華》嘉祥疏三：「表彰名相。」

名第十觀。」佛告阿難：「若欲觀觀世音菩薩者，當作是觀。作是觀者，不遇諸禍，淨除業障，

業障，過去之重罪，乃至誹謗正法也。以先業之障未除，有種種難而不得入佛法。又，五逆十惡之業謂之業障。

除無數劫生死之罪。如此菩薩，但聞其名，獲無量福，何況諦觀？若有欲觀觀世音菩薩者，先觀頂上肉髻，次觀天冠。其餘衆相，亦次第觀之。悉令明了，如觀掌中。作是觀者，名爲正觀。若他觀者，名爲邪觀。

次觀大勢至菩薩。此菩薩身量大小，亦如觀世音。圓光面各百二十五由旬，照二百五十由旬。舉身光明，照十方國，作紫金色。有緣衆生，

有緣於佛道者曰有緣。〇《報恩經》七：「佛世尊應現世間，引接有緣。有緣既盡，遷神涅槃。」

皆悉得見。但見此菩薩一毛孔光，即見十方無量諸佛淨妙光明。

淨妙者，清靜微妙也。〇《法華經・譬喻品》：「是皆一相一種，能生淨妙第一之樂。」

是故號此菩薩名無邊光。

無邊，廣大而無邊際之謂。〇《起信論》：「虚空無邊，故世界無邊。世界無邊，故衆生無邊。衆生無邊，故心行差別亦復無邊。」

以智慧光

智慧光，爲阿彌陀佛十二光之一。〇《讚阿彌陀佛偈》：「佛光能破無明闇，故佛又號智慧光。」

普照一切，令離三塗，

三塗者：一、火塗，地獄趣之燒猛火處。二、血塗，畜生趣之相互食處。三、刀塗，餓鬼趣之以刀劍杖相逼迫處。〇《輔行》一：「《四解脱經》以三塗名火、血、刀也。途，道也，作此塗者誤。小獄通寒熱，大獄唯在熱。且從熱説，故云火塗。從相噉邊，故云血塗。從被馳迫爲名，故名刀塗。」

得無上力。

《善見律》一：「無上者，諸法無能勝也。」〇《華嚴大疏鈔》十三：「無有能過者，故號爲無上。」

是故號此菩薩名大勢至。此菩薩天冠，有五百寶華。

至寶之妙華名寶華。〇《法華經・譬喻品》：「寶華承足。」

一一寶華，有五百寶臺。

寶臺，珍寶所構之臺也。〇《法華經》：「其土人民，皆處寶臺，珍妙樓閣。」

一一臺中，十方諸佛淨妙國土廣長之相，皆於中現。頂上肉髻，如鉢頭摩華。

玄應《音義》三：「波曇，又云波頭暮，或云波頭摩，正言鉢特摩，此譯云赤蓮華也。」〇慧苑《音義》上：「波頭摩，正云鉢特忙，此曰赤蓮花也。其花莖有刺也。」〇《大疏》七：「鉢頭摩，是紅蓮華。」又十五：「鉢頭摩復有二種：一者赤色，即此間蓮華也。二者白色，今此間有白蓮華是也，非芬陀利。」〇慧琳《音義》三：「鉢弩摩，正云鉢納摩，此人間紅蓮華之上者。或云赤黃色華。」

於肉髻上，有一寶瓶，

尊稱佛具法具之瓶器名寶瓶，又密法容灌頂誓水之器曰寶瓶。

盛諸光明，普現佛事。餘諸身相，如觀世音，等無有異。此菩薩行時，十方世界一切震動。當地動處，有五百億寶華。一一寶華，莊嚴高顯，

杜篤《論都賦》：「宮室寢廟，山陵相望。高顯弘麗，可思可榮。」見《後漢書・杜篤本傳》。

如極樂世界。此菩薩坐時，七寶國土一時動摇。從下方金光佛刹，

金光佛刹，爲最下底佛土之名。

乃至上方光明王佛刹，

光明王佛刹，在最上方世界之佛刹也。

於其中間，無量塵數

塵數，喻數之多如塵也。

分身無量壽佛，

諸佛以方便力，化處處有緣之衆生，爲分十方身，而現成佛之相也。

分身觀世音、大勢至，皆悉雲集極樂國土，

雲集，喻集合之盛。又，如雲之聚來無心，喻他方來之大衆。〇八十《華嚴經》云：「爾時如來道場衆海，悉已雲集。」〇《大疏》云：「多數大身，重重無礙，雲之象也。又浮雲無心，龍吟則起。菩薩無住，佛現爰來。」

畟塞空中。

畟音測，畟塞，《觀經直指疏》曰：「徧滿也。」

坐蓮華座，

蓮華座，蓮華之臺座也。

演説妙法，度苦衆生。

度，渡也。以海譬生死。自渡生死海，又復渡人也。梵語波羅蜜。〇《大乘義章》云：「逼惱名苦。」〇《佛地經》五：「逼惱身心名苦。」

作此觀者，名爲觀見大勢至菩薩。是爲觀大勢至色身相。觀此菩薩者，名第十一觀。除無數劫阿僧祇生死之罪。

阿僧祇，譯爲無量數，或爲無央數。印度數目之名。○《智度論》：「僧祇，秦言數。阿，秦言無。」

作是觀者，不處胞胎，

胞胎，四生中之胎生者，受生於母之胎中者也。

常遊諸佛淨妙國土。此觀成已，名爲具足觀觀世音、大勢至。

見此事時，當起自心，

《六祖壇經》：「我心自有佛，自佛是真佛。自若無佛心，何處求真佛？汝等自心是佛，更莫狐疑。」又曰：「即心即佛。」

生於西方極樂世界，於蓮華中，結跏趺坐。

結跏趺坐，佛陀之坐法也。○慧琳《音義》八：「結跏趺坐，略有二種：一曰吉祥，二曰降魔。凡坐皆先以右趾押左股，後以左趾押右股，此即左押右，手亦在上，名曰降魔坐。諸禪宗多傳此坐。依持明藏教瑜伽法門即傳吉祥爲上，降魔坐有時而用。其吉祥坐，先以左趾押右股，後以右趾押左股，令二足掌仰於二股之上，手亦右押左，安仰跏趺之上，名爲吉祥坐。如來昔在菩提樹下，成正覺時，身安吉祥之坐，手作降魔之印。故如來常安此坐，轉妙法輪。」○《大日經不思議疏》下：「結跏坐者，凡坐法，聖善之寺三藏和上邊面受。左足先着右髀上，右足次着左髀上，名爲蓮華坐。單足着左髀上，名爲吉祥坐也。別此坐者，非聖坐也。若欲求菩提，學佛坐爲得。」

作蓮華合想，作蓮華開想。蓮華開時，有五百色光來照身想。眼目開想，

眼目，譬物之緊要也。○《圓覺經》：「是經十二部經清淨眼目。」○《文句記》十上：「以一乘妙行爲眼目。」

見佛菩薩滿虛空中。水鳥樹林，及與諸佛，所出音聲，

入於耳根者名音聲。

皆演妙法，與十二部經合。

十二部經，一切經分爲十二類之名也。○《智度論》三十三：「一、修多羅，此名契經。二、祇夜，譯爲應頌，又爲重頌。三、伽陀，譯爲諷頌，又爲孤起頌。四、尼陀那，此譯因緣。五、伊帝目多，此譯本事。六、闍多伽，此譯本生。七、阿浮達摩，新名阿毘達磨。八、阿波那陀，此譯譬喻。九、優婆提舍，此譯論義。十、優陀那，此譯自説。十一、毘佛略，此譯方廣。十二、和伽羅，此譯授記。」以上十二部中，惟修多羅、祇夜與伽陀三者，爲經文中體裁之上者。其餘九部，不過記載其經文，從別事而立名耳。

若出定之時，憶持不失。見此事已，名見無量壽佛極樂世界。是爲普觀想，名第十二觀。無量壽佛化身無數，與觀世音及大勢至，常來至此行人之所。」

行人，修行佛道之人也。

佛告阿難及韋提希：「若欲至心生西方者，

至心，至誠之心也，至極之心也。〇《無量壽經》上：「至心信樂，欲生我國。」〇《金光明經》上：「至心念佛。」〇《金光明經文句》二：「至心者，徹到心源，盡心實際，故云至心。」

先當觀於一丈六像

一丈六尺之佛像，化身之形，是通常化身佛之身量也。〇《行事鈔》下：「明了論云：『人長八尺，佛則倍之丈六』。」〇《業疏》四上：「佛在人倍。人長八尺，佛則丈六。並依周尺，以定律呂也。」〇《漢法本内傳》：「永平三年庚申，四月八日，帝寢南宮，夢金人長丈六。項佩日光，胸題卐字，飛行殿庭，去來無礙。」

在池水上。如先所説無量壽佛身量無邊，

身量無邊者，佛之身量無邊際也。〇《西域記》九：「有婆羅門，聞釋迦佛身長丈六，常懷疑惑，未之信也。乃以丈六竹杖，欲量佛身，恒於杖端出過丈六。如是增高，莫能窮實，遂投杖而去，因植根焉。」案：凡佛皆身量無邊，釋迦佛如此，無量壽佛亦如此，故據此可例彼。

非是凡夫心力所及。然彼如來宿願力故，

宿願之力用也。

有憶想者，必得成就。但想佛像，

佛像，佛之真影也。〇《圓覺經》：「若佛滅後，施設形像，心存目想，生正憶念，還同如來常住之日。」

得無量福，況復觀佛具足身相。阿彌陀佛神通如意，

神通如意，六神通中之神境通。又名心如意通，即得如意自在之通力也。

於十方國變現自在。或現大身滿虚空中，或現小身丈六八尺。所現之形，皆真金色。圓光化佛，及寶蓮華，如上所説。觀世音菩薩及大勢至，於一切處，

一切處，又名徧處。禪定之名。謂所觀之境，周遍於一切處也。有十種，十一切處，又名十徧處。見《法界次第》下、《三藏法數》三十八。

身同衆生。但觀首相，知是觀世音，知是大勢至。此二菩薩，助阿彌陀佛普化一切。是爲雜想觀，名第十三觀。」

佛告阿難及韋提希：「上品上生者，

上品上生，爲九品淨土之第一品。

若有衆生願生彼國者，發三種心，即便往生。

去娑婆世界而往彌陀如來之極樂淨土，名往。化生彼土蓮華之中，名生。〇《法華經·藥草喻品》：「即往安樂世界，阿彌陀佛大菩薩衆圍繞住處，生蓮華中寶座之上。」〇《無量壽經》下：「諸有衆生，聞其名號，信心歡喜。乃至一念，至心迴向，願生彼國。即得往生，住不退轉。」

何等爲三？一者至誠心，

願往生真實之心也。〇《觀經約論》：「何名至誠？至者不留餘地，誠者唯此一心。行者創聞是心作佛，是心是佛之指，發僧何心，直趣無上菩提，不復希求有餘涅槃、人天果報。第念不依佛力，行願難圓。

是故決定求生淨土，一意精修，無有間斷，是謂至誠。」

二者深心，

淨影疏：「求心慇重，故曰深心。」○天台疏：「深者佛果深高，以心往求，故曰深心。」○《維摩經・佛國品》：「深心即是淨土。」註：「肇曰：『樹心衆德深固，故難拔，深心也。』」○《維摩經・菩薩品》：「深心即是道場，增長功德故。」○《觀經約論》：「何名深心？經云：『深心信解常清淨。』諸佛甚深法藏，非思量分別之所能解。然亦不離衆生妄想心中，故曰一切衆生，具有如來智慧。如來智慧非他，衆生妄想是。衆生妄想非他，如來智慧是。但以深心照了，知如來衆生無二無分別，則不於心外見佛。所見之佛，不離自心故。知如來、衆生無二無分別，則不於心外求生淨土。了所生淨土，具足自心故。乃至即見無見，即生無生。清淨本來，離諸覺觀故。如是信解，是謂深心。」

三者迴向發願心。

迴向所修之功德，而願求往生淨土之心也。○《觀經約論》：「何名迴向發願心？如阿彌陀佛爲佛道故，發廣大心。我亦如是爲佛道故，發廣大心。如阿彌陀佛爲衆生故，取淨妙土。我亦如是爲衆生故，取淨妙土。有一衆生未得度者，是則我土不淨，我佛不成。我佛衆生，即一即三，非三非一，究竟不可得故，是名迴向發願心。」

具三心者，必生彼國。復有三種衆生，

《觀經約論》：「三種衆生者，言齊修三種行業之衆生，非謂各修一種也。」

當得往生。何等爲三？一者慈心不殺，具諸戒行。二者讀誦大乘方等經典。

就文字曰讀，離文字曰誦。〇《法華經・法師品》：「受持讀誦，解説書寫《妙法華經》乃至一偈。」〇《法華經・譬喻品》：「若有衆生，從佛世尊聞法信受，勤修精進。求一切智、佛智、自然智、無師智、如來知見、力、無所畏，愍念安樂無量衆生，利益天人，度脱一切，是名大乘。菩薩求此乘，故名爲摩訶薩。」〇《寶積經》二十八：「諸佛如來正真正覺所行之道，彼乘名爲大乘，名爲上乘，名爲妙乘，名爲勝乘、無上乘、無上上乘、無等乘、不惡乘、無等等乘。」餘見前註。〇方等經典，方等之經典也。方，方正。等，平等。説方正平等之理，經典即大乘經之總稱也。〇《四教儀集解》上：「三諦共談，理方等也。若理方等，五時之中。唯除鹿苑，餘皆有之，以諸大乘經悉談三諦故，云大乘方等經典。」〇《閱藏知津》二：「方等亦名方廣，是則始從《華嚴》終《大涅槃》，一切菩薩法藏，皆稱方等經典。」

三者修行六念，

修行，爲四法之一，如理修習作行也。通身、口、意之三業。〇《法華經・藥草喻品》：「漸漸修行，皆得道果。」〇《無量壽經》下：「應當信順，如法修行。」〇六念：一、念佛。二、念法。三、念僧。四、念戒。五、念施。六、念天也。

迴向發願，

迴向，爲衆生向於一切所修之善根。又向佛道也。發願，發四弘誓願，而導懺悔、勸請、隨喜、迴向之四行也。

願生彼國。具此功德，

《大乘義章》九：「言功德，功，謂功能，善有資潤福利之功，故名爲功。此功是其善行家德，名爲功德。」〇天台《仁王經疏》上：「施物名功，歸己曰德。」〇《勝鬘經寶窟》上本：「惡盡言功，善滿曰德。又德者得也。修功所得，故名功德也。」〇《六祖壇經》：「見性是功，平等是德。念念無滯，常見本性，真實妙用，名爲功德。内心謙下是功，外行於禮是德。自性建立萬法是功，心體離念是德。不離自性是功，應用無染是德。若覓功德法身，但依此作，是真功德。若修功德之人，心即不輕，常行普敬。心常輕人，吾我不斷，即自無功；自性虛妄不實，即自無德。爲吾我自大，常輕一切故。善知識，念念無間是功，心行平直是德。自修性是功，自修身是德。善知識，功德須自性内見，不是布施供養之所求也。是以福德與功德別。」

一日乃至七日，

乃至，爲超越中間之辭。

即得往生。生彼國時，此人精進勇猛故，

精進，又名勤。小乘七十五法中大善地法之一，大乘百法中善心所之一。勇猛修善法，斷惡法之心之作用也。〇《唯識論》六：「勤謂精進，於善惡品修斷事中勇悍爲性，對治懈怠滿善爲業。」〇《輔行》二：「於法無染曰精，念念趣求曰進。」〇慈恩《上生經疏》下：「精謂精純，無惡雜故。進謂昇進，不懈怠故。」〇《華嚴大疏》五：「精進，練心於法，名之爲精；精心務達，目之爲進。」〇《維摩經・佛國品》：「精進是菩薩淨土。」

阿彌陀如來，與觀世音、大勢至，無數化佛，百千比丘聲聞大衆，

聲聞，梵語舍羅婆迦。佛之小乘法中，弟子聞佛之聲教，而悟四諦之理，斷見思之惑者也。是爲佛道中之最下根者。○《勝鬘寶窟》上末：「聲聞者，下根從教立名，聲者教也。」

無量諸天，七寶宮殿，觀世音菩薩執金剛臺，與大勢至菩薩，至行者前。阿彌陀佛放大光明，照行者身，與諸菩薩授手迎接。

上輩三品之往生人，臨終時，西方極樂之佛菩薩，共執金剛臺，至行者之前，授手而迎接行者。

觀世音、大勢至與無數菩薩讚歎行者，勸進其心。

勸誘策進人之善根功德也。○《法華經・信解品》：「初不勸進，說有實利。」

行者見已，歡喜踴躍。

歡喜踴躍，接於順情之境而身心喜悦也。○《法華經・譬喻品》：「歡喜踴躍。」○踴音勇，以踴躍狀歡樂也。○《詩》：「踴躍用兵。」

自見其身乘金剛臺，隨從佛後，如彈指頃

彈指頃，一彈指之時也。○《法華經・神力品》：「一時謦咳，俱共彈指。」

往生彼國。生彼國已，見佛色身衆相具足，見諸菩薩色相具足。光明寶林，

寶林，極樂淨土之七寶樹林也。○《無量壽經》上：「七寶諸樹，周滿世界。」

演説妙法，聞已即悟無生法忍。經須臾間，

《玉篇》：「須臾，俄頃之間也。」〇《俱舍論》十二：「百二十刹那爲一怛刹那，六十怛刹那爲一臘縛，三十臘縛爲一牟呼栗多，三十牟呼栗多爲一晝夜。」〇《瑜伽記》四：「牟呼栗多，此云須臾。」〇按：據以上二則，以三十除二十四點鐘，得四十八分鐘，爲一須臾。

歷事諸佛，徧十方界。於諸佛前，次第受記。

受記又云受莂，自佛當來必當受作佛之記別。〇《法華經·譬喻品》：「見諸菩薩受記作佛，而我等不預斯事。」

還至本國，得無量百千陀羅尼門。

陀羅尼，譯爲持，總持。能持能遮，持善法而使不散，持惡法而使不起力用，故名。此分四種：一、法陀羅尼，於佛之教法，聞持而不忘，又名聞陀羅尼。二、義陀羅尼，於諸法之義，總持而不忘。三、咒陀羅尼，依禪定而發秘密語，有不測神驗之咒，於咒而總持不忘。四、忍陀羅尼，於法之實相，而忍安住、持忍，故名忍陀羅尼。聞義咒忍之四者所持之法也。〇《大乘義章》十一末：「陀羅尼者，是中國語。此翻爲持，念法不失，故名爲持。」〇《佛地論》五：「陀羅尼者，增上念慧，能總任持無量佛法，令不忘失。」〇《智度論》五：「陀羅尼者，秦言能持，或言能遮。能持集種種善法，能持令不散不失，譬如完器盛水，水不漏散。能遮者，惡不善心生，能遮不令生。若欲作惡罪，持令不作。是名陀羅尼。」〇《瑜伽略纂》十二：「論云：陀羅尼有四種：一法，二義，三咒，四能得忍。乃至法陀羅尼以法爲境，即能詮名言，以念慧爲體。

義陀羅尼其體同法，唯境界異。其異者何？所詮義爲境，謂無量義意趣等，即唯在意地。呪陀羅尼以定爲體，依定持呪，令不忘故，以呪爲境也。能得忍陀羅尼者，以無分別智爲忍體，即證真如。」○門，法門也。○《華嚴大疏》二：「如來通智遊入，故號門。」○《華嚴演義鈔》一：「並通一實，故得稱門。」○《註維摩經》八：「肇曰：『言爲世則，謂之法。衆聖所由，謂之門。』」○《起信論義記》中本：「軌生物解曰法，聞智通遊曰門。」○《法界次第》中：「門謂能通。」

是名上品上生者。上品中生者，

上品中生，爲九品往生之第二。○《觀經約論》：「上品中生者，於第一義已有悟入，特修證之功與上生者有間，故生品次之。」

不必受持讀誦方等經典。善解義趣，

義趣，義理之歸趣處也。○《法華經・方便品》：「了達諸義趣。」○《玄贊》三：「是所説義，何所歸趣。」

於第一義，

第一義，爲究竟真理之名。是爲最上，故名第一。深有理由，故名義。聖智之自覺也。○《大乘義章》一：「第一是其顯勝之目，所以名義。」○《中論疏》三本：「以其最上莫過，故稱第一。深有所以，目此爲義。」○《法華義疏》四：「第一義者，一實之道。理極無過爲第一，深有所以稱爲義也。」○《註維摩經》一：「肇曰：『第一義謂諸法一相義也。』」○《楞伽經》二：「第一義者，聖智自覺所得，非言説妄想覺境界。」○《碧巖》第一則：「如何是聖諦第一義？」○《觀經約論》：「第一義者，即是諸法實相。離四句，絶百非，唯證乃知，非情所測。」

心不驚動，深信因果，不謗大乘。以此功德，迴向願求生極樂國。

迴向註見前。

行此行者，命欲終時，阿彌陀佛與觀世音、大勢至，無量大衆、眷屬

釋迦、大日各有内大之二眷屬。○《智度論》三十三：「如釋迦文佛，未出家時，車匿給使，優陀耶戲笑；瞿毘耶、耶輸陀等諸采女爲内眷屬。出家六年苦行時，五人給侍。得道時，彌喜、羅陀、須那刹多羅、阿難、密跡力士等，是名内眷屬。大眷屬者，舍利弗、目揵連，乃至及彌勒、文殊師利、颰陀婆羅諸阿毘跋致一生補處菩薩等。」○《大日經疏》一：「《般若釋論》：生身佛成道時，阿難、密迹力士等，是爲内眷屬；舍利弗、目連等諸聖人，是名大眷屬。今謂佛加持身亦復如是，諸執金剛各持如來密印，名内眷屬；諸大菩薩大悲方便普門，攝受無量衆生，補佐法王行如來事，名大眷屬。」○又見前註。

圍繞，

圍遶，即右遶三匝也。法會之行道式本此。○《法華文句》二下：「圍繞者，佛初出世，人未知法，浄居天爲人像，到已右旋，旋已敬禮，卻坐聽法。因於天敬，人以爲楷。乃至圍繞者，行旋威儀也。」

持紫金臺，

紫金臺，《觀經義疏》曰即蓮華。

至行者前。讚言：『法子，

隨順佛道而資養法者，名法子。

汝行大乘，解第一義，是故我今來迎接汝。』與千化佛一時授手。行者自見坐紫金臺，合掌叉手，

合掌叉手，《考信録》二引《本儀編》云：「合掌而交叉結手指也，密教所謂金剛合掌。」○《觀音義疏》上：「合掌者，此方以拱手爲恭，外國合掌爲敬。手本二邊，今合爲一，表不敢散誕，專至一心，一心相當故。以此表敬也。」○《法苑珠林》二十：「或云：叉手白佛言者，皆是歛容呈恭，制心不令馳散。然心使難防，故制掌合一心也。」

讚歎諸佛。如一念頃，

一念頃，喻時之極短也。○《文句》八上：「一念，時節極促也。」○《教行信證文類》三末：「一念者，斯顯信樂開發時尅之極促。」

即生彼國七寶池中。此紫金臺，如大寶華，

大寶華，自珠寶而成之蓮華也。

經宿則開。

經，過也。經宿，猶言祇過一宿也。

行者身作紫磨金色，足下亦有七寶蓮華。佛及菩薩，俱時放光，

放眉間白毫相光也。説見前。

照行者身。目即開明，因前宿習，

宿習，宿世之所習也。〇《俱舍論》十二：「雖由此理，由彼宿習。」〇《天台別傳》：「宿習開發，煥若華敷矣。」

普聞衆聲，純説甚深

《法華經·方便品》：「諸佛智慧，甚深無量。」又，「成就甚深未曾有法，隨宜所説，意趣難解。」〇《探玄記》十一：「超情曰深，深極曰甚。」

第一義諦。

爲二諦之一，對於世俗諦而言深妙之真理。又諦者，真實之道理也。〇《大乘義章》一：「第一義者，亦名真諦。第一是其顯勝之目，所以名義。真者是其絶妄之稱。世與第一審實不謬，故通名諦。」〇第一諦，又名聖諦、勝義諦。

即下金臺，禮佛合掌，讚歎世尊。經於七日，應時即於阿耨多羅三藐三菩提

《維摩經·佛國品》肇註曰：「阿耨多羅，秦言無上。三藐三菩提，秦言正偏知。道莫之大，無上也。其道真正，無法不知，正偏知也。」〇《浄土論註》曰：「佛所得法，名爲阿耨多羅三藐三菩提。阿爲無，耨多羅爲上，三藐爲正，三爲偏，菩提爲道。統而譯之，名爲無上正偏道。新譯無上正等正覺。」按：言覺知真正平等之一切真理，謂無上之智慧也。〇《法華玄贊》曰：「阿，云無。耨多羅，云上。三，云正。藐，云等。菩提，云覺。即是無上正等正覺。」〇《智度論》曰：「唯佛一人智慧爲阿耨多羅三藐三

菩提。」

得不退轉。

不退轉者，於所修之功德善根，愈愈增進，更不退失轉變也。省名不退，梵語阿毘跋致。○《無量壽經》上：「聞我名字，不即得至不退轉者，不取正覺。」○《十住毘婆沙論》：「若人疾欲至不退轉地者，應以恭敬心，執持稱名號。」○《法華經·序品》：「此於阿耨多羅三藐三菩提不退轉。」

應時即能飛行偏至十方，

飛行，自在飛行於虛空。攝於六通中之如意通。神通業者，經行虛空，猶如飛鳥，而說《法蘊足論》。

歷事諸佛。於諸佛所，修諸三昧。經一小劫，

一小劫，一增或一減間之一小劫，是新譯家之說。又合一增一減，謂之一小劫，是舊譯家之說。○《法華經·化城喻品》：「諸佛法不現在前，如是一小劫，乃至十小劫。」

得無生忍，現前受記。是名上品中生者。上品下生者，

上品下生，爲九品淨土之第三。○《觀經約論》：「上品下生者，發無上道心，其回向願求迴超二乘，與前二輩同。而行解未具，故生品又次之。」

亦信因果，不謗大乘。但發無上道心，

無上道心，願求無上道之心也。

以此功德迴向願求生極樂國。行者命欲終時，阿彌陀佛，及觀世音、大勢至與諸

菩薩，持金蓮華，

金色之蓮華名金蓮華。

化作五百佛，

佛菩薩之神力，以種種之身，變化造作爲種種之事物，名化作。○《法華經・妙音品》：「於是妙音菩薩不起於座，身不動摇，而入三昧。以三昧力，於耆闍崛山，去法座不遠，化作八萬四千衆寶蓮華。」

來迎此人。五百化佛一時授手。讚言：『法子，汝今清淨，

清淨，離惡行之過失，離煩惱之垢染。○《探玄記》四：「三業無過云清淨。」（三業，身、語、意之三惡行也。）

發無上道心，我來迎汝』。見此事時，即自見身坐金蓮華。坐已華合，隨世尊後，即得往生七寶池中。一日一夜，蓮華乃開。七日之中，乃得見佛。雖見佛身，於衆相好，心不明了。於三七日後，乃了了見。聞衆音聲，皆演妙法。遊歷十方，供養諸佛。

資養三寶，爲奉香華、燈明、飲食、資財等事者，名供養。○《文句》三下：「施其依報名供養。」○《玄贊》二：「進財行以爲供，有所攝資爲養。」

於諸佛前，聞甚深法。經三小劫，得百法明門，

百法明門者，菩薩於初地所得之智慧門也。明者，慧也。門者，入也，又差別也。慧能通入百法之真性，故云明門。〇《瓔珞經》上：「未上住前有十順名字，菩薩常行十心。所謂信心、念心、精進心、定慧心、戒心、回向心、護法捨心、願心。佛子修行是心，若經一劫、二劫、三劫，乃得入初住位中。住是位中，增修百法明門。所謂十信心，心心各有十，故修行百法明門。」〇《觀經妙宗鈔》下：「三劫遊歷十方，供佛聞法。進入道種，登於初地，此地即得百法明門。言百法者，即《百法論》所出名數。」（《百法論》即《大乘百法明門論》之省名，唐玄奘譯，見《大藏經》來帙第十册。）

住歡喜地。

歡喜地，爲十地之第一地。菩薩經一大阿僧祇劫之修行，爲初斷惑證理之一分，大歡喜之位也。自此十地之間，更經二大阿僧祇劫，即得成佛。〇新譯《仁王經》下：「初證平等性，而生諸佛家。由初得覺悟，名爲歡喜地。」〇《觀經》天台疏：「歡喜地者，初證聖處，多生歡喜也。」

是名上品下生者。是名上輩

上輩，爲三輩之一。同上品。

生想，名第十四觀。」

佛告阿難及韋提希：「中品上生者，若有衆生受持五戒，

五戒者：一、不殺生戒，即不殺生物。二、不偷盜戒，即不與不取。三、不邪淫戒，即不犯有看守者。四、不妄語戒，即不爲無實之言。五、不飲酒戒，即不飲酒。〇《俱舍論》十四：「受離五所應遠離，安立第一

近事律儀。何等名爲五所應離？一者殺生，二不與取，三欲邪行，四虚誑語，五飲諸酒。」○《仁王經》上：「有千萬億五戒賢者。」

持八戒齋。

八戒齋詳前「八戒」註。

修行諸戒，不造五逆，

五逆，又名無間業。罪惡之極，逆理之甚者，名逆。是感無間地獄苦果之惡業，故名無間業。此有三乘通相五逆、大乘别途五逆、同類五逆、提婆五逆種種。○《阿闍世王問五逆經》：「有五逆罪，若族姓子、族姓女，爲此五不救罪者，必入地獄不疑。云何爲五？謂殺父、殺母、害阿羅漢、鬭亂衆僧、起惡意於如來所。」○《俱舍論》十七：「言無間業者，謂五無間業。其五者何？一者害母，二者害父，三者害阿羅漢，四者破和合僧，五者惡心出佛身血。」○《華嚴孔目章》三：「五逆，謂害父、害母、害阿羅漢、破僧、出佛血。初二背恩養，次三壞福田，故名爲逆。」○《最勝王經》淄州疏：「五逆：一者故思殺父，二者故思殺母，三者故思殺羅漢，四者倒見破和合僧，五者惡心出佛血。以背恩田違福田故，故名之爲逆。執此逆者，身壞命終，必定墮無間地獄，一大劫中受無間苦，名無間業。」

無衆過患。

過患，過咎與災患也。

以此善根，

身、口、意三業之善，固而不可拔者，名根。○《維摩經·菩薩行品》：「不惜軀命，種諸善根。」註：「什曰：『謂堅固善心，深不可拔，乃名根也。』」○《大集》十七：「善根者，所謂欲善法。」

迴向願求生於西方極樂世界。臨命終時，阿彌陀佛與諸比丘眷屬圍繞，放金色光，至其人所。演説苦、空、無常、無我。讚歎出家，

出家者，出離在家之生活，而修沙門之浄行也。○《維摩經·弟子品》：「我聽佛言：『父母不聽，不得出家』。」○《維摩經·方便品》：「維摩詰言：『然汝等便發阿耨多羅三藐三菩提心，是即出家。』」○《釋氏要覽》上：「《毘婆沙論》云：『家者是煩惱因緣。夫出家者，爲滅垢累，故宜遠離也。』」

得離衆苦。

衆苦，身所觸之諸苦也。○《智度論》十一：「人身無常，衆苦之藪。」

行者見已，心大歡喜。自見己身坐蓮華臺，長跪合掌，

長跪，經文或云胡跪。○《釋門歸敬儀》下：「僧是丈夫，剛幹事立，故制互跪。尼是女弱，翹苦易勞，故令長跪。兩膝據地，兩脛翹空，兩足指指地，挺身而立也。」○《寄歸傳》一：「言長跪者，謂是雙膝據地，竪兩足以支身。舊云胡跪者，非也。五天皆爾，何獨道胡？」

爲佛作禮。未舉頭頃，即得往生極樂世界。蓮華尋開，

尋，旋也。

當華敷時，

敷，花開放也。〇王義之文：「頃東遊還，脩植桑果，今盛敷榮。」

聞衆音聲，讚歎四諦。

四諦，又名四聖諦，聖者所見之真理也。一、苦諦，三界六趣之苦報也。是迷之果也。二、集諦，貪瞋等之煩惱，及善惡之諸業也。此二者能集起三界六趣之苦報，故名集諦。三、滅諦，涅槃也。涅槃者，滅惑業，離生死之苦，而真空寂滅。是悟之果也。四、道諦，八正道也。是能通涅槃，故名道。是悟之因也。此四諦，初二者流轉之因果也，又名世間因果。後二者還滅之因果也，又名出世間因果。〇《法華經·譬喻品》：「昔於波羅奈，轉四諦法輪。」〇《四十二章經》：「於鹿野苑中，轉四諦法輪，度憍陳如等五人而證道果。」〇《涅槃經》十二：「苦集滅道，是名四聖諦。」又十五：「我昔與汝等不見四真諦，是故久流轉生死大苦海。若能見四諦，則得斷生死。」

應時即得阿羅漢道，

阿羅漢者，小乘極悟之位也。譯名有三：一、殺賊，殺煩惱賊之意。二、應供，受人天供養之意。三、不生，永入涅槃，不再受生死果報之意。〇《智度論》三：「阿羅名賊，漢名破，一切煩惱破，是名阿羅漢。復次，阿羅漢一切漏盡，故應得一切世間諸天人供養。復次，阿名不，羅漢名生，後世中更不生，是名阿羅漢。」〇《法華文句》一上：「阿羅漢，《阿颰經》云應真，《瑞應》云真人。」〇道，能通之義，有三種：一、有漏道。二、無漏道。三、涅槃之體，排除一切障礙，而無礙自在也。」〇《大乘義章》八末：「所言道者，從因名也。善惡兩業，通人至果，名之爲道。地獄等報，爲道所詣，故名爲道。」〇《俱舍論》二十五：「道義云何？謂涅槃路，乘此能往涅槃城故。」〇《法界次第》中之下：「道以能通爲義。正道及助道，是二相扶，能通至涅槃，故名爲道。」○《華嚴大疏》十八：「通至佛果，故名道。」

三明六通，

三明與六通，阿羅漢所具之德也。○《智度論》二：「宿命、天眼、漏盡，名爲三明。」○《俱舍論》二十七：「言三明者：一、宿住智證明，二、死生智證明，三、漏盡智證明。」○《俱舍論》二十七：「通有六種：一、神境智證通，二、天眼智證通，三、天耳智證通，四、他心智證通，五、宿住隨念智證通，六、漏盡智證通。」○《大乘義章》二十本：「一名身通，二名天眼，三名天耳，四他心智，五宿命，六漏盡通。」○《法界次第》中上：「一天眼通，二天耳通，三知他心通，四宿命通，五身如意通，六漏智通。」

具八解脱。

八解脱，亦名八背捨。違背三界之煩惱，捨離之而解脱其繫縛之八種禪定也。一、内有色想觀外色解脱。二、内無色想觀外色解脱。三、浄解脱身作證具足住。四、空無邊處解脱。五、識無邊處解脱。六、無所有處解脱。七、非想非非想處解脱。八、滅受想定身作證具住。○《觀經》天台疏中：「能脱心慮，故名解脱。亦名背捨。背者，背彼浄潔五欲也。捨者，捨是着心也。」

是名中品上生者。中品中生者，若有衆生，若一日一夜持八戒齋，若一日一夜持沙彌戒，

沙彌戒，《俱舍》名「勒策律儀」，即十戒也。一、不捨菩提心戒。二、遠離二乘地戒。三、觀察利益一切衆生戒。四、使一切衆生住於佛法戒。五、修一切菩薩之所學戒。六、於一切法無所得戒。七、以一切善根回向菩提戒。八、不着一切如來身戒。九、思惟一切之法，離取著戒。十、諸根律儀戒。具見唐《華嚴經》二十一、五十三，《智度論》二十二。

若一日一夜持具足戒，威儀無缺。以此功德，迴向願求生極樂國，戒香熏修。

戒香者，戒德之熏於四方，猶香之徧滿一切也。○《觀佛經》三：「常以戒香，爲身瓔珞。」○《戒香經》：「世間所有諸華香，乃至沈檀龍麝香。如是等香非偏聞，唯聞戒香徧一切。」

如此行者命欲終時，見阿彌陀佛與諸眷屬，放金色光，持七寶蓮華，至行者前。行者自聞空中有聲，讚言：『善男子，

在家出家之男女，佛常通稱爲善男子、善女人。又，善者，信佛聞法之美者也。

如汝善人，

信因果之理，而行善事之人，名善人。○《無量壽經》下：「善人行善，從樂入樂，從明入明。」

隨順三世諸佛教故，

三世諸佛者，出現於三世之諸佛也。○《法華經·方便品》：「三世諸佛説法之儀式。」○《玄義》一上：「教者，聖人被下之言也。」○《止觀》一上：「教是上聖被下之言。」

我來迎汝。』行者自見坐蓮華上，蓮華即合，生於西方極樂世界。在寶池中，經於七日，蓮華乃敷。華既敷已，開目合掌，讚歎世尊。聞法歡喜，得須陀洹。

須陀洹，小乘聲聞四果中初果之名也。○《三藏法數》十六：「梵語須陀洹，華言入流，又名預流，即初果

也。謂此人斷三界(欲界、色界、無色界)見惑盡,預入聖道法流,故名入流。」

經半劫已,成阿羅漢。是名中品中生者。中品下生者,若有善男子、善女人,

佛稱在家出家之女人爲善女人。

教養父母,行世仁慈。此人命欲終時,遇善知識,

《法華文句》四:「聞名爲知,見形爲識。是人益我菩提之道,是名善知識。」○《法華經·妙莊嚴王品》:「善知識者,是大因緣,所謂化導令得見佛,發阿耨多羅三藐三菩提心。」

爲其廣説阿彌陀佛國土樂事,亦説法藏比丘四十八願。

法藏比丘四十八願見前註。

聞此事已,尋即命終。譬如壯士,

壯士,血氣方剛,意氣壯盛之士也。○《史記》:「項王曰:『壯士,賜之巵酒。』」

屈伸臂頃,即生西方極樂世界。經七日已,遇觀世音及大勢至。聞法歡喜,得須陀洹。過一小劫,成阿羅漢。是名中品下生者。是名中輩生想,名第十五觀。」

佛告阿難及韋提希:「下品上生者,

下品上生,九品往生之第七位也。

或有衆生,作衆惡業。雖不誹謗方等經典,

誹謗，非議也。○《楞嚴經》：「誹謗比丘，罵詈徒衆。」○樂毅《報燕王書》：「離毀辱之誹謗。」

如此愚人，

愚人，蒙昧無知之人也。《漢書・古今人表》第九等下下曰「愚人」。言可與惡，不可與爲善者也。

多造惡法，無有慚愧。命欲終時，遇善知識，爲說大乘十二部經首題名字。

首題名字，諸經之題目。

以聞如是諸經名故，除卻千劫極重惡業。智者復教合掌叉手，

智者，有智慧者之稱也。○《法華經・藥草喻品》：「我是一切智者。」

稱南無阿彌陀佛。

譯爲歸命無量光覺，又曰無量壽覺。○善導《觀經疏》一：「言南無者，即是歸命。言阿彌陀佛者，即是其行。以斯義故，必得往生。」

稱佛名故，除五十億劫生死之罪。爾時彼佛，即遣化佛、化觀世音、化大勢至，至行者前。讚言：『善男子，以汝稱佛名故，諸罪消滅，我來迎汝。』作是語已，行者即見化佛光明，徧滿其室。見已歡喜，即便命終。乘寶蓮華，隨化佛後，生寶池中。經七七日，

七七日，即七與七乘，七七四十九日也。

蓮華乃敷。當華敷時，大悲觀世音菩薩

大悲觀世音菩薩，爲台家所立六觀音之一，千手觀音之異名也。

及大勢至菩薩，放大光明，住其人前，爲説甚深十二部經。聞已信解，

《大日經疏》三：「謂明見其理，心無凝慮。」

發無上道心。經十小劫，

《法華經・化城喻品》：「其佛（大通智勝佛）本坐道場，破魔軍已，垂得阿耨多羅三藐三菩提，而諸佛法不現在前。如是一小劫乃至十小劫，結跏趺坐，身心不動，而諸佛法猶不現前。」

具百法明門，得入初地。

初地，爲菩薩乘五十二位中十地之第一。

是名下品上生者。」佛告阿難及韋提希：「下品中生者，

下品中生，爲九品往生之第八品。

或有衆生，毁犯五戒、八戒，及具足戒。如此愚人，偷僧祇物，

僧祇譯爲衆，即比丘、比丘尼之大衆也。其大衆共有之物，名僧祇物。○《往生十因》：「僧祇物者，龍興師云：『此云大衆物，大衆共有此物用故。』又有云：『十方僧物，謂有施主爲供養十方僧，於精舍中施諸珍寶及園林等。』」○《名義集》七：「僧祇，此云四方僧物。」

盜現前僧物，

現前僧物者，一結界中，（結界或作戒壇，行一種之作法，而定其區域境界者之謂也。亦即其作法限定於一處之謂也。）屬於現在衆僧之衆物也，即現前僧個人供養之衣食等也。

不浄説法，

亦名邪命説法。〇《佛藏經》三：「不浄説法者，有五過失：一者自言盡知佛法。二者説佛經時，出諸經中相違過失。三者於諸法中，心疑不信。四者自以所知，非他經法。五者以利養故，爲人説法。」〇《説法明眼論》：「不浄説法有五科：一以所有得心，説虚妄言，令他發信，墮惡道故。二不説佛法，徒説世事故。三食酒食五辛犯非婬正婬，即身著法衣，及入堂中穢三寶故。四誹他有德，讚自無德故。五不悟一乘一實法，而躭著權門有相之教故。」〇《觀經妙宗鈔》下：「不浄説法者，但求名利，非益物也。」〇《觀經散善儀傳通記》三：「邪命説法者，以邪因緣，不浄説法，利養活命。故不浄説法，名曰邪命説法。」

無有慚愧，以諸惡業而自莊嚴。如此罪人，

罪人，有罪之人也。

以惡業故，應墮地獄。命欲終時，地獄衆火，

北涼本《大般涅槃經》十九：「阿鼻地獄，四方有門，一門外各有猛火。東西南北，交通過徹八萬由旬。周匝鐵牆，鐵網彌覆，其地亦鐵。上火徹下，下火徹上。大王，若魚在熬，脂膏焦然。是中罪人，亦復如是。」

一時俱至。遇善知識，以大慈悲，即爲讚説阿彌陀佛十力威德，

十力，佛及菩薩所具十種之力用也。見前「佛力」註。

廣讚彼佛光明神力。

神力，又名神通力。神者，妙用不測之義。通者，通用自在之義。力者，力用之義。不測之妙力變融通自在，故名。○《法華經·序品》偈：「諸佛神力智慧稀有。」

亦讚戒、定、慧、

戒者，如來之身、口、意三業離一切之過非，名曰戒法身。定者，如來之真心寂靜，離一切之妄念，名曰定法身。慧者，如來之真智圓明，觀達法性，名曰慧法身。此爲五分法身之前三法身。○《名義集》四：「防非止患曰戒，息慮静緣曰定，破惡證真曰慧。」○《三藏法數》九：「如來立教，其法有三：一曰戒律，二曰禪定，三曰智慧。然非戒無以生定，非定無以生慧。三法相資，不可缺。」○《壇經》：「師曰：『一戒香，即自心中，無非，無惡，無嫉妒，無貪瞋，無劫害，名戒香。二定香，即覩諸善惡境相，自心不亂，名定香。三慧香，自心無礙，常以智慧觀照自性，不造諸惡；雖修衆善，心不執著；敬上念下，矜恤孤貧，名慧香。』」

解脱、

解脱者，如來之心身解脱一切之繫縛，名曰解脱身。即涅槃之德也。○《註維摩經》一：「肇曰：『縱任無礙，塵累不能拘，解脱也。』」○《唯識述記》一本：「解謂離縛，脱謂自在。」○《華嚴大疏》五：「言解脱者，謂作用自在。」○《壇經》：「四解脱香，即自心無所攀緣，不思善，不思惡，自在無礙，名解脱香。」

解脱知見。

解脱知見者，已實知解脱，名曰解脱知見法身，即後得智也。此爲五分法身中之第五法身。五分法身次第，由戒生定，由定生慧，由慧得解脱，由解脱得解脱知見。自一至三，從因受名。自四至五，從果受號。皆是佛之功德也。以此五法可成佛身，故謂之五分法身。○《壇經》：「五解脱知見香，自心既無所攀緣善惡，不可沈空守寂，即須廣學多聞，識自本心，達諸佛理，和光接物，無我無人，直至菩提，真性不易，名解脱知見香。」

此人聞已，除八十億劫生死之罪。地獄猛火，化爲清涼風，

清涼風，清快涼爽之風也。

吹諸天華。華上皆有化佛菩薩，迎接此人。如一念頃，即得往生七寶池中蓮華之內。經於六劫，蓮華乃敷。觀世音、大勢至，以梵音聲，

梵音聲，大梵天王所出之音聲，而有五種清淨之音者也。○《法華經・序品》：「梵音微妙，令人樂聞。」○《法華文句》：「佛報得清淨音聲最妙，號爲梵音。」○《華嚴經》：「演出清淨微妙梵音，宣暢最上無上正法。」《長阿含》五《闍尼沙經》：「時梵童子告忉利天曰：『昔有音聲，五種清淨，乃名梵聲。何等五？一者其音正直，二者其音和雅，三者其音清徹，四者其音深滿，五者其音遍周遠聞。具此五者，乃名梵音。』」○《三藏法數》三十二：「梵音者，即大梵天王所出之聲，而有五種清淨之音也。」

安慰彼人，爲説大乘甚深經典。聞此法已，應時即發無上道心。是名下品中生

者。」佛告阿難及韋提希：「下品下生者，

下品下生，爲九品往生之第九品也。

或有衆生，作不善業，五逆十惡，具諸不善。如此愚人，以惡業故，應墮惡道，

惡道，乘惡行而可往之道途也，如地獄、畜生等。○《大乘義章》八：「地獄等報，爲道所語，故名爲道。故《地持》言：『乘惡行往，名爲惡道。』」

經歷多劫，受苦無窮。如此愚人，臨命終時，遇善知識，種種安慰，爲説妙法，教令念佛。彼人苦逼，不遑念佛。善友告言：『

我隨順而起善行者，名善友。○《探玄記》六：「起我行，故名善友。」

汝若不能念彼佛者，應稱無量壽佛。』如是至心，令聲不絶，具足十念，

十念，十遍之稱名也。

稱南無阿彌陀佛。稱佛名故，於念念中，

《維摩經·方便品》：「是身如電，念念不住。」○《無量義經》：「諸法本來空寂，代謝不住，念念生滅。」○《寶積經》九十六：「是身無量過患，微塵積集。生住異滅，念念遷流。」

除八十億劫生死之罪。命終之時，見金蓮華，猶如日輪，

日輪，世所謂太陽也。是日天子所居宮殿外貌之名。○《俱舍論》十一：「日輪下面，頗胝伽寶火珠所成，能熱能照。」○以華喻日輪，形其量之大也。

住其人前。如一念頃，即得往生極樂世界。於蓮華中，滿十二大劫，

大劫者，成住壞空四期之一周也，八十增減之時量也。舊譯名四十劫，新譯名八十中劫。（一增，謂人壽自十歲百歲而增至八萬四千歲也。一減，謂人壽自八萬四千歲遞減至百歲十歲也。）

蓮華方開。觀世音、大勢至，以大悲音聲，爲其廣説諸法實相，

諸法實相者，究極真理之嘉名也。一名真如，或名法性，亦名實際。○《法華經·方便品》：「唯佛與佛，乃能究盡諸法實相。」○《智度論》五：「除諸法實相，餘殘一切法，悉名爲魔。」又十：「三世諸佛，皆以諸法實相爲師。」又十七：「諸菩薩自初發心，求一切種智，於其中間，知諸法實相慧，是般若波羅蜜。」又十八：「一切世間經書及九十六種出家經中，皆説有諸法實相。又聲聞三藏中，亦有諸法實相。」○《維摩經·法供養品》：「依於諸法實相，明定無常、苦、空、無我寂滅之法。」○《思益經》二：「諸法實相，即是涅槃。」

除滅罪法。聞已歡喜，應時即發菩提之心。是名下品下生者。是名下輩生想，名第十六觀。」

説是語時，韋提希與五百侍女，

侍女，侍奉左右之女也。○白居易詩：「春風侍女護朝衣。」

聞佛所説，應時即見極樂世界廣長之相。得見佛身，及二菩薩。心生歡喜，歎未曾有。豁然大悟，

豁，呼括切。豁然，疏通也。○《大學》程子補《格物章》：「而一旦豁然貫通焉。」

逮無生忍。

《觀經義疏》：「豁然大悟，破無明也。逮無生忍，證法性也。」

五百侍女，發阿耨多羅三藐三菩提心，願生彼國。世尊悉記，皆當往生。生彼國已，獲得諸佛現前三昧。

諸佛現前三昧者，十方世界之諸佛，顯現於自己之前，而給說法見者之三昧。

無量諸天，發無上道心。

三　流通分

《三藏法數》九：「三流通分，流則不滯，通則不壅。謂正説既陳，務傳後世，利益衆生，用使正法之源，流通而不壅也。如《楞嚴經》自『阿難，若復有人徧滿十方所有虛空盈滿七寶，持以奉上微塵諸佛』，至『作禮而去』。此乃較量持經福勝，勸讚讀誦，流傳無盡，故名流通分。」

爾時阿難，即從座起，白佛言：「世尊，當何名此經？此法之要，當云何受持？」佛告阿難：「此經名觀極樂國土無量壽佛、觀世音菩薩、大勢至菩薩，亦名淨除業障、生諸佛前，汝當受持，無令忘失。行此三昧者，現身得見無量壽佛，及二大士。若善男子及善女人，但聞佛名、二菩薩名，除無量劫生死之罪，何況憶念？若念佛者，當知此人，則是人中分陀利華。

釋迦如來稱譽念佛者，爲人中之分陀利華。〇《觀經散善義》：「言分陀利者，名人中好華，亦名稀有華，亦名人中上上華，亦名人中妙好華。此華相傳名蔡華是。」〇慧苑《音義》上：「分陀利，此云白蓮華，亦曰百合華也。」〇慧琳《音義》三：「分陀利，唐云白蓮華。其色如雪如銀，光奪人目，甚香，亦大。多出彼池，人間無有。」〇《觀經義疏》：「分陀利，此云白蓮華。一、人間奇瑞，二、性潔無染。故以比焉。」

觀世音菩薩、大勢至菩薩，爲其勝友。

釋迦如來，稱譽念佛者爲觀音、勢至之勝友。

當坐道場，

坐道場者，謂成佛也。佛得聖道之場，故名道場。在菩提樹下得道，故名爲坐。〇《維摩經・菩薩品》：「直心是道場，乃至三十七品是道場。」〇《註維摩經》四：「肇曰：『閑宴修道之處，謂之道場也。』」

生諸佛家。」

《觀經散善義》：「即入諸佛之家，即净土也。」

佛告阿難：「汝好持是語。

楊仁山居士曰：「好持是語一句，囑其持上文所説之觀法，即是持無量壽佛名一句，明觀想與持名互攝也。佛恐後人視觀想與持名判然兩途，故作此融攝之語以曉之。善導謂望佛本願，意在專稱佛名。若執此以爲定判，則佛所説觀法，翻成賸語。且佛儻專重持名，而告韋提希以觀想之法，是心口相違也。凡夫且不出此，而況於佛乎？至於像觀真身觀之念佛三昧，即是結束本文之觀法。如必欲判爲稱名之念佛，則與上文不貫。譯經者斷無如是之錯謬也。」（《等不等觀雜録》四）

持是語者，即是持無量壽佛名。」佛説此語時，尊者目犍連、尊者阿難及韋提希等，聞佛所説，皆大歡喜。

《觀經義疏》下：「大歡喜者，一、所未曾聞，今得聞故。二、清淨國土，得往生故。三、輾轉開示，利生無窮故。具斯諸義，故懷大歡喜。」

爾時世尊，足步虚空，

《觀經妙宗鈔》五：「前赴請時，從崛山没，於王宫出。今步虚空，還於崛山。二俱神通，前隱後顯者。」

還耆闍崛山。爾時阿難，廣爲大衆説如上事。

累囑憶持，意見於此。

無量諸天、龍、夜叉，

諸天，龍神與夜叉，爲八部衆中之三種也。○《法華經·序品》：「天、龍、夜叉乃至人非人等。」

聞佛所説，皆大歡喜，禮佛而退。

圖書在版編目(CIP)數據

觀無量壽經箋註/丁福保著. —上海:華東師範大學出版社,2014.6
(普陀山佛學叢書)
ISBN 978-7-5675-2229-9

Ⅰ.①觀… Ⅱ.①丁… Ⅲ.①浄土宗—佛經②《觀無量壽經》—注釋 Ⅳ.①B946.8

中國版本圖書館CIP資料核字(2014)第145949號

普陀山佛學叢書
觀無量壽經箋註

著　　者　丁福保
點 校 者　寬　度
特約編輯　鍾　錦
項目編輯　龐　堅
裝幀設計　上海紅邦品牌營銷傳播聯合機構
封面題字　華人德

出版發行　華東師範大學出版社
社　　址　上海市中山北路3663號　郵編200062
網　　址　www.ecnupress.com.cn
電　　話　021-60821666　行政傳真021-62572105
客服電話　021-62865537　門市(郵購)電話021-62869887
地　　址　上海市中山北路3663號華東師範大學校内先鋒路口
網　　店　http://hdsdcbs.tmall.com

印 刷 者　浙江省臨安市曙光印務有限公司
開　　本　889×1194　32開
印　　張　4.5
字　　數　93千字
版　　次　2014年11月第1版
印　　次　2015年3月第2次
書　　號　ISBN 978-7-5675-2229-9/B·866
定　　價　20.00元

出 版 人　王　焰